ESSAI

SUR

LE DESSIN

ET

LA PEINTURE

A ANGOULÊME

Suivi du Catalogue du Musée et d'une Nomenclature
de Tableaux appartenant à des Collectionneurs
et Amateurs de la Ville

PAR ÆMILE BIAIS-LANGOUMOIS

Membre de la Société Archéologique et Historique de la Charente

Prix : **1** franc

ANGOULÊME

IMPRIMERIE DE LA CHARENTE QUÉLIN FRÈRES

RUE DU MINAGE, 20

1866

Se trouve chez les principaux Libraires

ESSAI

SUR

LE DESSIN

ET

LA PEINTURE

A ANGOULÊME

Suivi du Catalogue du Musée et d'une Nomenclature
de Tableaux appartenant à des Collectionneurs
et Amateurs de la Ville

PAR ÆMILE BIAIS-LANGOUMOIS

Membre de la Société Archéologique et Historique de la Charente

ANGOULÊME

NOUVELLE IMPRIMERIE DE LA CHARENTE QUÉLIN FRÈRES

RUE DU MINAGE, 20

—

1866

DU DESSIN

ET DE LA PEINTURE

A ANGOULÊME

I

Le dessin et la peinture n'occupent à Angoulême qu'une place très secondaire, — il serait même permis d'écrire insignifiante. Jadis, ce n'était pas différent, au contraire, c'était pire.

En effet, dans la pléiade célèbre de nos illustrations charentaises, nous ne voyons figurer aucun peintre ; seul, un sculpteur fameux, et pourtant ignoré de la plupart de ses compatriotes, se distingua parmi les artistes du xvie siècle.

Jacques fut un de ces « tailleurs d'images » — comme on les nommait alors — parcourant les royaumes, étudiant et laissant sur leur passage des monuments qui restèrent pour l'admiration de la postérité. Ici, je n'essaierai pas une biographie de notre grand artiste, de ce « maistre Jacques, natif « d'Angoulesme, qui, l'an 1550, s'osa bien parangonner à « Michel-Ange pour le modèle de l'image de sainct Pierre, « à Rome, et de faict l'emporta lors par dessus luy au juge- « ment de tous les maistres, mesmes italiens.... (1) » Je tenais seulement à rappeler que Jacques d'Angoulême fut couronné dans un concours glorieux, où il remporta la palme au juge-

---

(1) Images ou Tableaux de plate peinture de Philostrate, Lemnien, sophiste grec, mis en françois par Blaise de Vigénère.

ment de tous les maitres, « mesmes italiens, » sur ce génie immense appelé Michel-Ange. « Et, continue Blaise de Vigé-
« nère, à qui j'emprunte ces citations, de luy encore sont ces
« trois grandes figures de cire noire au naturel, gardées pour
« un très excellent joyau en la librairie du Vatican, dont l'une
« monstre l'homme vif, l'autre comme s'il était escorché, les
« muscles, nerfs, veines, artères et fibres, et la troisième est
« un *skeletos,* qui n'a que les ossements avec les tendons qui
« les lient et accouplent ensemble. Plus un Automne de mar-
« bre qu'on peult voir en la grotte de Meudon, si au moins
« il y est encore, car je l'y ai veu autresfois, ayant été faict à
« Rome, autant prisé que nulle autre statue moderne. »

Voilà, en peu de mots, les titres de maître Jacques (1); je dé-sirais inscrire son nom le premier dans cette petite série d'artistes angoumoisins qu'il dominera longtemps encore, sinon toujours, de sa supériorité éclatante (2).

Un autre artiste moins fameux, évidemment, et qui doit être ici nommé, est Olivier Massias. Il fut orfèvre-graveur et, par occasion, poète... ou versificateur, ce qui n'est pas tout à fait la même chose. Aucun historien n'a parlé de lui depuis Pierre Guillebaud, plus connu sous le nom du R. P. dom Pierre de

---

(1) M. Eusèbe Castaigne, notre savant bibliothécaire, a publié une « Notice sur le sculpteur Jacques d'Angoulême », dans les *Annales* de la Société d'Agriculture et le journal le *Charentais* du 30 novembre 1842. — Revue et modifiée par son auteur et complétée par des observations faites par M. l'abbé Texier, membre de la Société Historique et Archéologique de la Haute-Vienne, sur un monument fu-nèbre orné de bas-reliefs, qui décore le pourtour intérieur du chœur de la cathé-drale de Limoges et que les traditions locales attribuent à Jacques d'Angoulême, cette notice a été lue à la séance du 8 mai 1846 de la Société Archéologique et Historique de la Charente, qui en vota la réimpression dans son *Bulletin.*

(2) Au XVI⁰ siècle, Antoine Fontant construisit le splendide château de La Ro-chefoucauld; — de ce grand architecte nous ne savons que peu de chose. Est-il né dans l'Angoumois? — Nous l'ignorons. — Il est surprenant que de ces deux artistes éminents on ne connaisse que deux noms et un chef-d'œuvre. (Sans être indiscret, je crois pouvoir ajouter qu'un de nos bibliophiles les plus érudits, les plus infatigables, espère nous livrer bientôt des renseignements précis sur Fontant.

Saint-Romuald, religieux feuillant (1). Cet Olivier Massias n'a
pas eu sans doute une réputation bien grande, elle n'a peut-
être pas franchi les murs de sa bonne ville... ou, parmi les célébrités de son temps, est-il resté dans l'ombre avec ses aspi-
rations et une réserve mal interprétée par ses contemporains.
A-t-il beaucoup dessiné, beaucoup gravé ?...

Je ne connais de Massias que deux ou trois gravures, entre
autres celle qui sert de frontispice au *Mariage dv Grand Ivstinian et de la belle Théodore ou la Comédienne triomphante*, tra-
gi-comédie en cinq actes d'un sieur Racavlt (2). Voilà ce que

(1) Pierre de Saint-Romuald s'exprime ainsi, dans son *Abrégé du Trésor chro-
nologique*, tome III : « ... Peu après florit aussi en Poésie vn Orfèvre appellé
« Maistre Olivier Massias, originaire d'Engolesme, lequel fait des pièces qui ne
« cèdent point à celles des plus beaux esprits. Ainsi l'on voit que les neuf sça-
« vantes sœurs n'ont pas seulement des Nourrissons dans les classes : mais en-
« core dans les boutiques, et qu'elles se plaisent quelques fois de faire aussi bien
« boire dans leur Hypocrène les personnes de basse condition que celles qui sont
« de qualité relevée. » Le feuillant ne dit rien du graveur, il est tout entier à
l'homme de lettres; — puis plus loin, parlant des personnages qui chantèrent la
mort de Balzac, il continue : «... Il *n'est pas mesme jus qu'à* un Orfèvre de sa
« ville natale (son nom est Maistre Olivier Massias) qui n'ait voulu publier en sa
« langue maternelle le gré qu'il lui sçavoit de son industrieuse inuention à polir
« nostre François. C'est par cet Eloge funèbre qui ne cède guères à ces autres que
« fait le fameux M. Adam Billault, menuisier de Nevers....» Suit une pièce de vers
qui n'a rien de magistral.
(2) Il était probablement parent d' « Antoine Racavlt, écuyer, sieur de La Crois,
« conseiller du Roy av siége Présidial d'Angoumois, en l'année 1645. » (Relevé
d'après une inscription gravée sur une pierre de l'ancienne Porte du Palet et qui
est déposée à la Bibliothèque). — Cette tragédie « dédiée au Roy », serait aujourd'hui d'une représentation impossible, comme on le pense; voici, pour plus
amples renseignements, un spécimen de ses plus belles rimes :

IVSTINIAN A CINDÉLIE.

« Oublions le passé, Belle et sage princesse,
Noyons tous nos chagrins dans des mers d'allégresse;
Le Throsne vous attend, vous allés y monter.
Si j'avais encor plus de quoy vous présenter
Et qui peut surpasser le Sceptre et la Couronne,
Ie viendrois vous l'offrir avecque ma personne !... »

Ce livre, d'un auteur charentais, fut publié « chez Mathiev Pelard, imprimeur et
marchand libraire à Angoulesme, en 1662. » Le seul exemplaire connu appartient
à M. Eusèbe Castaigne, qui a bien voulu me le communiquer.

je sais d'Olivier Massias ; mes recherches n'ont pas été plus heureuses et néanmoins je crois avoir accompli un devoir en le citant parmi nos artistes angoumoisins.

Si notre belle province est inféconde en peintres, en renommées artistiques, elle n'est guère plus fertile en protecteurs des Arts ; — les plus illustres, Marguerite de Valois et François Ier, accordèrent leur généreux et puissant patronage aux artistes qui devaient contribuer à la Renaissance de la vieille Gaule en purifiant le goût « fanatique » et stationnaire du Moyen-Age ; mais ce fut à peu près tout, car leur noble exemple ne trouva pas d'imitateurs. Le roi-chevalier, qui aimait la peinture, — peut-être parce qu'elle lui rappelait des visages chéris, — l'eut honorée comme son rival Charles-Quint, en ramassant le pinceau d'un Titien ; et tandis que les courtisans « cette race impure » s'étonnaient des soins attentionnés du souverain pour Léonard de Vinci qui devait mourir entre ses bras, il leur répondait, — s'il faut en croire certains historiens — : « Dieu « seul peut faire des hommes tels que lui ; les rois en font tels « que vous. » Le roi François avait raison.

Malheureusement les *fidèles* sujets du roi galant-homme ne pensaient pas ainsi ; nos bons aïeux avaient l'idée ailleurs...., il est vrai que les bûchers incendiaient au nom de l'intolérance, il est vrai que la guerre civile mettait la France au pillage. Plus tard on ne songea pas plus à la peinture ; on la comptait pour une superfluité puérile, pour un luxe dangereux : la dîme payait les fresques des manoirs, ce qui n'était point fait pour amuser le peuple. Mais il est des pays où la dîme reparaît sous des dénominations et des formes différentes, restant toujours la dîme ; — quoiqu'il en soit, les arrière-petits-fils suivent scrupuleusement les coutumes de leurs ancêtres, sans pouvoir alléguer les mêmes raisons (1), et négligent l'art

(1) Les « vassaux et vilains » ne pouvaient penser aux Arts, ou le comprend facilement ; néanmoins l'oubli des Fontant et des Jacques n'est-il pas une preuve de l'incurie des chroniqueurs souvent très minutieux?... — Les hommes de robe,

qui, s'il faut s'en rapporter aux Grecs, naquit un jour au sein d'Athènes florissante. Depuis la Marguerite des Marguerites et son frère, il y a bien eu des changements; — les Mécènes se sont succédé sans se multiplier, ce qui est regrettable. Dans nos modestes « localités » on a vu la protection la plus indispensable manquer aux Beaux-Arts, tandis que leur contrefaçon prospérait à merveille. Hélas! beaucoup de gens se croient et se proclament artistes :

> « Rien n'est plus commun que le nom,
> « Rien n'est plus rare que la chose... »

Dans ces bonnes petites villes, les arts ont toutes chances de ne pas germer, ou ils s'y étiolent, ne trouvant qu'un nombre trop restreint de personnes disposées à les soutenir, à les défendre. A Angoulême, par exemple, il est certes des hommes dévoués au culte de l'esthétique et toujours prêts à la propager, mais cela suffit-il contre l'indifférence fâcheuse qui succède, d'habitude, à un enthousiasme inexplicable?.. Il en est de même partout.

Bagatelles, que tout cela, bagatelles, dira-t-on ; c'est possible; pourtant ces bagatelles ont leur prix, elles peuvent avoir, comme on le devine, d'heureuses conséquences.

Après avoir cherché, fouillé dans les bibliothèques, après avoir feuilleté quantité de bouquins et de brochures, nous ne rencontrerions pas une ligne consacrée aux tableaux du Musée d'Angoulême, à son « mouvement artistique. » Un loyal citoyen qui fut représentant populaire estimé de tous, orateur distingué, et reste un éloquent écrivain, M. Léonide Babaud-Laribière, leur a consacré quelques paragraphes de ses *Lettres*

---

de cape et d'épée nous restent, mais de nos artistes pas un mot. Les uns marquèrent leurs exploits par des abus, des ruines et des massacres dont le souvenir était légué de père en fils; les autres, grâce à l'invention de Guttemberg et de Faust, sont parvenus jusqu'à nous.... et nous méconnaissons nos gloires les plus pacifiques, — celles qui ne sont pas les moins belles, les moins pures!...

Charentaises (1) publiées dans un journal de Bordeaux, *la Gironde*.

J'aurai l'avantage d'emprunter à M. Babaud-Laribière plusieurs de ses observations puisqu'il est le seul qui ait abordé la question que nous agitons.

Je crois qu'il n'est peut-être pas inutile de rappeler que la majeure partie de ces appréciations parurent en janvier 1864, dans une publication dissipée, gaspillée comme tant d'autres, le *Journal de la Charente;* — réunies à de nouveaux renseignements, suivies d'une nomenclature de tableaux et de commentaires, elles forment cet opuscule que je soumets au lecteur.

J'ai eu la satisfaction de me rencontrer avec le *Charentais* qui, dans son numéro du samedi 9 septembre dernier a exposé plusieurs projets relatifs à notre Musée; j'ajouterai que j'avais commencé à traiter le même sujet vingt mois plus tôt dans une autre feuille. On est heureux de voir son opinion partagée par un député comme M. Achille Jubinal et un écrivain loyal tel que M. Amédée Matagrin, qui s'est judicieusement inspiré d'un discours du représentant des Hautes-Pyrénées au Corps législatif.

Ces courtes pages pourront paraître inopportunes à quelques-uns; telle n'est pas ma conviction, je l'avoue : j'ai pensé qu'à une époque où toutes les cités grandes et petites tendent à sortir des « ornières de la routine, » à épousseter les archives de leur passé enfouies dans les oubliettes, — j'ai pensé qu'il n'était pas superflu de contribuer aussi, dans des limites restreintes, à cette œuvre de rénovation intellectuelle, en publiant des notes inscrites rapidement pour ceux de nos compatriotes qui n'ont pas le loisir de chercher nos richesses picturales.

Lorsque nous nous serons entretenus des professeurs, nous

----

(1) Un beau volume in-8° de 200 pages, 1865. Baillarger, libraire-éditeur, à Angoulême, et chez tous les libraires du département. A Bordeaux, Chaumas, libraire, Fossés de l'Intendance.

causerons un peu du Musée et dirons un mot des collections particulières ; mais dans ce petit défilé nous irons avec prudence, tout en nous rappelant ce précepte de Voltaire : « On doit des égards aux vivants. » — Donc nous tâcherons de ne leur être pas désagréables.

II.

Ce n'est pas une revue approfondie que nous offrons au lecteur ; les documents nous feraient défaut pour l'écrire : c'est une courte liste des personnes qui, par leur talent, leur zèle et leur persévérance souvent désintéressée, ont donné à Angoulême de l'impulsion au dessin et à la peinture depuis un temps limité.

Le cadre que nous nous sommes tracé est exigu ; néanmoins nous espérons manifester clairement notre opinion, l'opinion générale, sur différents points et dire un mot des divers artistes et professeurs qui portèrent et apportent encore chaque jour un aide, un stimulant à la jeunesse désireuse de s'initier aux utiles agréments de l'art.

Notre bonne ville d'Angoulême, nous l'avons constaté, est de celles qui par elles-mêmes n'ont rien de particulièrement artistique ; — l'observateur curieux ou le touriste scrutateur n'y découvrent rien de foncièrement esthétique ; c'est du moins notre conviction. Comme telles cités passées à l'état proverbial, elle s'assoupirait volontiers, tandis que la « molle Charente » coule placidement à ses pieds.

Or, Angoulême n'étant pas riche de son propre fonds, il fallut que de nomades artistes, séduits par l'admirable perspective de ces belles campagnes que l'on découvre du haut de ses remparts, vinssent y planter leur tente et semer le sénevé des Beaux-Arts.

Ce n'est point à dire que les esprits intelligents y manquaient, pas plus qu'aujourd'hui ; il fallait les appeler, et comme Lazare ressuscité du sépulcre, sortir leur intelligence du marasme où elle menaçait de croupir. Il fallait leur dévoiler les attraits de cette poétique déesse dont les sourires sont ineffables pour ceux qui n'appartiennent pas au *profanum vulgus* d'Horace.

Nous aurions la faculté d'entrer ici dans un ordre de considérations topographiques, politiques et morales sur l'état de notre beau pays après les évènements de 1830, mais cette énumération, — ces remarques — n'auraient rien d'important pour nous ; donc nous nous abstenons de les tracer.

Constatons seulement qu'en 1839 le dessin et la peinture n'étaient pas, — nous assure-t-on, — florissants et prospères dans notre chef-lieu.

III

Ce fut en cette année qu'un professeur de Paris, M. Georges-Auguste Foucaud, élève de M. Damame, disciple de David, arriva à Angoulême.

M. Foucaud n'est pas notre compatriote ; mais ses travaux consciencieux et les incontestables services qu'il a rendus à notre ville lui ont donné droit de cité parmi nous : (il est né à Périgueux en 1785).

En effet, M. Foucaud enseigna le dessin depuis 1839 : d'abord à l'Ecole de marine, ensuite au collége Royal, enfin au Lycée impérial jusqu'en l'année de grâce 1860.

Cet honorable professeur aimait beaucoup la démonstration du dessin ; il se plaisait à communiquer les éléments de son art aux jeunes gens envieux d'apprendre.

Avant son arrivée à Angoulême, il avait fondé à Paris un atelier de dessin et de peinture, dans la rue de La Harpe, 81 ; puis cet atelier fut transféré rue de l'Ancienne-Comédie, non loin de la demeure du baron Gros, le célèbre peintre, qui honorait M. Foucaud de ses fréquentes visites et lui adressait même des élèves. C'était une précieuse recommandation.

A Paris, M. Auguste Foucaud eut des relations amicales avec des personnages *marquants* de l'époque. D'autres, des ambitieux, auraient cultivé ces connaissances pour s'en faire un piédestal ; quant à M. Foucaud, il se tint toujours dans une discrétion, une réserve parfois trop scrupuleuse.

Il dessina des planches d'anatomie pour Dupuytren et Larrey, — Larrey, ce chirurgien de la grande armée, dont Napoléon Ier a écrit dans ses *Mémoires :* « C'est l'homme le plus vertueux que j'aie connu. »

M. Foucaud, qui compta de très nombreux élèves, parmi lesquels plusieurs se sont fait un nom dans différentes carrières, avait l'heureuse idée de leur faire des résumés de ses leçons ; il pensait qu'ainsi il leur était plus facile de retenir ses enseignements, de s'en rendre compte et de joindre la théorie à la pratique. De là datent probablement les notes manuscrites qu'il m'a été permis de feuilleter et qui sont réunies sous ce titre : *Quelques avis artistiques, quelques réflexions, quelques souvenirs comme délassement.*

Dans ses courts instants de repos, le professeur écrivait ses observations et ses impressions.

En 1837, M. Foucaud envoya au Salon quatre portraits peints à l'aquarelle, finement exécutés, qui furent exposés sous le numéro 737.

A l'Exposition de 1838, il fit recevoir une ravissante composition : les *Confidences*, numéro 714, et l'*Intérieur de l'Église Saint-Front de Périgueux.*

M. Foucaud a copié d'une façon très remarquable les *Enfants d'Edouard*, de Paul Delaroche ; *Charlotte Corday*, d'Ary Scheffer, et d'autres toiles de maîtres. Il en a fait de savantes réductions d'un mérite évident.

Etant occupé à reproduire la *Charlotte Corday* dont je viens de parler, M. Foucaud fut félicité par un visiteur qu'il ne connaissait pas ; cet étranger était M. Ingres, membre de l'Institut, et de plus, aujourd'hui, sénateur.

Dans le cabinet de M. Foucaud, on voit un magnifique

Napoléon à l'encre de Chine; c'est la copie d'un tableau de David que l'Empereur-Roi avait donné au baron Larrey, et dont M. Foucaud eut l'avantage et le talent de faire une remarquable reproduction. Il est cité dans le *Dictionnaire des Peintres*, de M. Ferdinand Séré.

Pour l'Exposition Universelle de 1855, il peignit à l'aquarelle, son genre favori, une *Corbeille de fleurs;* — cette composition, achevée quelques jours trop tard, ne put avoir les honneurs de l'Exposition.

Durant sa longue vie artistique, M. Foucaud a beaucoup vu et beaucoup retenu; — le nombre des études de fleurs qu'il a peintes est très grand, et nous observerons en passant que ses fleurs ne présentent pas l'aspect des *fleurs artificielles* ou de *sucre candi* que l'on constate dans les guirlandes et les bouquets de certains peintres que nous pourrions désigner.

Amateur éclairé de tableaux, gravures, statuettes, etc., M. Foucaud a collectionné une belle série de modèles. A son âge avancé, lorsque le souvenir reste seul et que la nature ne laisse plus la faculté de travailler, M. Foucaud ne peut utiliser les *plâtres* et les *académies* qu'il posait naguère devant ses élèves.

A ce sujet, nous pensons que la ville d'Angoulême, qui certes, à plus d'un point de vue, doit avoir des égards reconnaissants pour M. Foucaud, nous pensons qu'Angoulême, qui a créé une Ecole communale de dessin dont nous nous proposons de parler, trouverait une excellente occasion d'acquérir pour son Ecole les modèles de premier choix que M. Foucaud avait réuni avec la minutieuse attention d'un connaisseur et d'un artiste.

J'aurais bien à dire sur M. Auguste Foucaud; mais comme ma tâche est à peine commencée, je termine cette courte notice par un extrait de *l'Annuaire Statistique des Artistes Français*, par M. Guyot de Fère (Paris 1836) : — « M. Foucaud a produit des dessins d'un beau fini et d'une grande correction. »

Ajoutons que M. Foucaud, un des premiers, dessina sur pierre; à l'exposition du Salon en 1827, on remarqua son *Ado-*

ration des Mages, lithographie d'après le tableau du maitre-autel de la cathédrale de Cologne.

Nous avons placé M. Foucaud à la tête de cette revue angou-moisine parce que c'était son droit : n'est-il pas le plus ancien professeur de dessin d'Angoulême?... (Depuis la publication de cet article dans un journal, M. Foucaud est mort ; — nous parlerons de la vente de son cabinet.) Son nom devait donc précéder ceux de Mlle Louise Foucaud, de MM. Choisnard, Edouard May, Favre, Paillé et de Mlles Châtenet.

J'ai l'honneur d'entreprendre cette tâche délicate, et j'espère l'acquitter consciencieusement. Voilà pourquoi je me suis plu à payer le tribu de mon hommage au doyen de nos peintres charentais, laissant aux faits toute leur éloquente simplicité.

Mlle Louise Foucaud a reçu de son père les premières et principales notions du dessin.

Après lui avoir transmis les traditions qu'il avait puisées dans la compagnie du baron Gros, de Sigalon, de Court et de plusieurs autres classiques partisans que l'on ne vit jamais

« Peindre Caton galant et Brutus dameret, »

M. Auguste Foucaud présenta son enfant à Ary Scheffer, et la jeune fille étudia la peinture à l'huile sous la direction du maître regretté.

Avec un tel guide, l'élève avançait rapidement et sûrement; aussi Mlle Louise Foucaud rapporta de ses leçons de précieux enseignements qu'elle a su conserver.

De retour à Angoulême, Mlle Louise Foucaud ouvrit pour les dames et les demoiselles un atelier qui, pendant de longues années, fut fréquenté par la meilleure société. On s'y occupait sérieusement des Beaux-Arts ; on y causait peinture, musique, littérature, sculpture, architecture, et chacun écoutait M. Foucaud qui se mêlait souvent aux entretiens familiers des élèves et leur racontait ses souvenirs intimes.

Dans la conversation, il montrait, comme dans une galerie rétrospective : Henry Monnier, qui lui avait donné quelques-unes de ses *charges* humoristiques; Gudin, le peintre de marine, qui lui avait offert une de ses gouaches; l'*illustrissimo* docteur Giraudeau de Saint-Gervais pour lequel il dessina le *Voyage en Afrique,* et qui lui confia la reproduction lithographique d'un portrait d'Othon, roi de Grèce, qu'il tenait du souverain lui-même; Charlet et Deveria, dont il avait reçu des croquis.

Les noms de Paganini, de Duprez, de la Malibran, de Talma, de Lafon, de Duchesnois, de Georges et de bien d'autres défilaient avec un cortége d'anecdotes, de détails fort intéressants. Parlait-on de Victor Hugo, de Béranger, de Frédéric Bérat ou de l'homme charitable surnommé le *Petit-Manteau-Bleu,* M. Auguste Foucaud avait son récit, son mot sur chacune de ces célébrités qu'il avait connues. Je me souviens lui avoir entendu rappeler une fois que Mme Desbordes-Walmore, une femme d'esprit doublée d'un gracieux poète, lui demanda ce qu'il trouvait dans Rachel : « la *ligne,* » répondit le dessinateur. Dans un de ses spirituels feuilletons, Mme Desbordes-Walmore a relaté cette réponse qui sans doute avait une signification judicieuse.

Il est facile de comprendre que les *étudiantes* de Mlle Louise Foucaud se plaisaient à ses cours et se montraient fort attentives aux observations de M. Foucaud qui, après la Restauration, avait été professeur de dessin au célèbre collége de Sainte-Barbe, d'où sont sortis tant d'hommes remarquables.

L'atelier prospérait donc à souhait, et il n'y a pas eu depuis — que je sache — pareille école dans notre excellente préfecture.

Travaillant à enseigner presque sans relâche, Mlle Louise Foucaud n'eut pas toujours le loisir de concentrer les qualités de son talent sur des œuvres artistiques et d'affronter souvent les chances des concours; néanmoins, plusieurs de ses tableaux eurent les honneurs de l'exposition, notamment à Bordeaux et à Versailles, où quelques. uns de ses dessins gagnèrent les plus honorables suffrages.

Pour avoir exposé à Bordeaux, en 1841, le portrait de l'une de nos plus charmantes compatriotes, — alors au printemps de la vie, — Mlle Louise Foucaud mérita et obtint une médaille comme faisant partie des personnes qui, selon l'expression de M. Daussy, secrétaire-général du jury, membre de la Société philomathique, « se distinguent le plus dans les arts. »

Effectivement, il faut avoir un talent réel pour *rétablir*, comme l'a fait Mlle Louise Foucaud à qui l'avait confié M. Gellibert des Seguins, un fort intéressant portrait de Jean Hérauld, sieur de Gourville, fondateur de l'hospice de La Rochefoucauld. Ce tableau était dans un état presque complet de décrépitude; grâce au pinceau de l'artiste, le vieux personnage historique revit actuellement dans toute sa primitive jeunesse. — Voilà ce que je sais à propos de Mlle Louise Foucaud; c'est peu, mais c'est précis et avantageux.

M. Camille Choisnard vient ensuite.

Je n'ai que peu de choses à dire de M. Choisnard; mais comme je n'ai pas entrepris d'écrire les biographies de nos artistes et professeurs, je crois inutile de me faire pardonner mon laconisme au sujet des peintres sur lesquels il ne m'aura été fourni que de vagues renseignements.

Dans le doute abstiens-toi, dit un sage; — je m'empresse de suivre cet excellent conseil.

Il y a environ dix ans, M. Camille Choisnard fut à notre Lycée, pendant une ou deux années scolaires, le coadjuteur de M. Foucaud. M. Choisnard a prêté son concours à la propagation du dessin et de la peinture : il enseigna dans plusieurs pensionnats de la ville et recueillit de bons résultats ; en 1850, il fit paraître un opuscule format in-16, intitulé : *Grammaire et Dictionnaire du Dessin, méthode simple et rapide pour apprendre à dessiner.*

Dans son introduction, l'auteur s'exprime ainsi : « Un résumé clair, tel a été mon but. »

Cette méthode, qui contient trente-et-une planches de figures gravées par M. Choisnard, et où l'on compte une soixantaine de pages de texte explicatif, semble une réminiscence ingénieuse de Léonard de Vinci, qui a eu tant d'imitateurs, — tant de contrefacteurs!...

Quelques portraits que nous avons vus de M. Choisnard ne brillent pas précisément par le coloris, sont peints sèchement, et l'on y trouve une rudesse *flagrante;* après tout, ces œuvres sont peut-être des premières de l'honorable peintre, qui est aujourd'hui professeur au Lycée impérial de Tours.

A Angoulême, M. Ludovic Favre n'a pas exercé le professorat, si je suis bien informé, mais comme il a fait parmi nous de très nombreux portraits au crayon, son nom doit figurer à côté de ceux des artistes de notre pays.

Ancien élève de M. Foucaud, M. Favre a écouté et retenu les préceptes de son maître, et il en a profité avec avantage. Il cultiva particulièrement le dessin à la mine de plomb et s'est acquis, dans cette spécialité, une distinction légitime.

Voilà seize ans que M. Michel - Auguste - Gustave Paillé habite Angoulême; avant son arrivée parmi nous, M. Paillé résidait à Saint-Claud (près Confolens), dans cet agreste pays où le philosophe vit tranquille, au milieu du calme des champs et des rusticités primitives que l'on chercherait ailleurs en vain dans la Charente. Il y cultivait assidûment ses dispositions pour l'art, et chaque jour développait son talent naturel.

Aussitôt installé, il eut la bonne fortune de remplacer comme professeur d'écriture et de dessin M. Tardat — dont la mémoire est justement respectée, — et recueillit ainsi un *héritage* qui le mettait en rapports avec les écoliers de nos maisons d'éducation.

Indépendamment de ces leçons, M. Paillé établit chez lui un cours de dessin ; ce cours continue encore (1), et de quatre à cinq heures du soir, il guide les travaux de ses élèves avec une attention toute particulière, toute paternelle.

Quant aux œuvres de M. Paillé, elles ne sont pas très nombreuses ; collectionneur adroit, perspicace, infatigable, M. Paillé s'occupe plutôt de réparer, de retoucher, que de composer. Malgré cette tendance avouée, il a fait beaucoup de dessins au crayon, des copies de scènes fantaisistes et des portraits — d'une très grande ressemblance plus remarquable que le coloris ; — n'oublions pas la lithographie de Mgr Regnier, alors évêque d'Angoulême ; mais il s'est adonné d'une façon spéciale à la restauration des vieux tableaux et ses tentatives furent toujours couronnées des succès les plus importants et les plus positifs.

Ces succès ne sont point surprenants pour ceux qui savent qu'à force de soins, de patience, M. Paillé restaure les toiles déchiquetées qu'il rend ensuite complètement homogènes. Il les retouche sans se décourager devant les difficultés, et l'on peut dire que si l'intrépide Guzman ne connaissait pas d'obstacles, il en est ainsi de M. Paillé, — du moins pour le renouvellement des tableaux anciens.

Le chiffre de ceux qu'il a restaurés serait honnête, j'en ai la conviction, mais ne puis le préciser : autant vaudrait compter les étoiles du ciel ou les grains de sable du désert.

Pour nous, M. Paillé ressemble à ces habiles chirurgiens qui taillent dans la chair d'un malade, et accomplissent des opérations incroyables.

M. Paillé, que l'on pourrait à juste titre surnommer le Balzac des tableaux, réussit parfaitement les pastiches ; il retrouve la couleur et le *faire* ; — c'est un imitateur habile et persévérant. Je citerai surtout des scènes de joueurs et buveurs, genre

---

(1) Particulièrement pour les jeunes gens qui se destinent aux écoles spéciales du gouvernement. Rue des Bouchers, 12, près l'*Institution Balzac*. — Parmi ses élèves, M. Léonard Jarraud, de La Couronne, se fait distinguer ; ce jeune homme a copié l'*Etable*, de Sabattier, de façon à donner de belles espérances.

Miéris, qui ont trompé bien des chercheurs d'originaux, même des experts; puis la *Mort du duc de Guise* (de Paul Delaroche), qui n'est pas une copie, mais la reproduction d'une photographie. Les proportions sont de M. Paillé qui s'est efforcé de deviner l'œuvre du maitre et n'a pas succombé; ensuite *Madame la marquise de Saint-Chamont*, dont l'original, attribué à Boucher, appartient à M. Charles Laribière; le *Jeu de Tric-Trac* (d'après Van Buys).

Voici en quels termes M. Babaud-Laribière a parlé de cet estimable professeur dans ses *Lettres Charentaises*, à propos d'un « conservateur intelligent » de notre Musée :

« .... La ville d'Angoulême possède un homme de talent
« entouré de l'estime et de la sympathie générales, très con-
« naisseur en peinture, grand collectionneur, passionné pour
« les Beaux-Arts, et dont le principal talent consiste dans la
« restauration des tableaux : j'ai nommé M. Gustave Paillé.
« Fils de ses œuvres, il a conquis, à force de patience et de
« dévouement, la réputation d'un excellent professeur de
« dessin; il a peint une foule de portraits très ressemblants;
« il a fait beaucoup de restaurations de tableaux très appré-
« ciées par les connaisseurs, même à Paris; et comme il est
« aussi généreux que bienveillant et modeste, il enrichirait,
« j'en suis sûr, la collection publique de quelques œuvres
« charmantes qui décorent sa collection particulière. »

Je ne saurais mieux terminer que par ces lignes élogieuses qui ont le mérite d'unir la flatterie à la vérité.

M. Edouard May, élève de M. Léon Cogniet (1), fut mandé par une de nos notabilités, qui l'avait connu à Paris, pour faire des portraits de famille. A peine installé, — il y a une quin-

---

(1) M. Léon Cogniet est l'auteur du « *Tintoret faisant le portrait de sa fille morte,* » que nos voisins les Bordelais possèdent dans leur musée et dont ils se montrent fiers avec raison. M. Cogniet est professeur à l'Ecole des Beaux-Arts et membre de l'Institut.

zaine d'années environ, — M. May songea aux jeunes gens de la classe ouvrière, et ouvrant la porte de son atelier, il leur enseigna gratuitement le dessin. Après avoir procuré à ses nouveaux concitoyens les bienfaits d'une étude féconde en bons résultats, il fut choisi par la municipalité pour diriger le cours public que la ville venait de fonder, à son exemple, avec une subvention qui peut sembler mesquine si l'on considère la tâche du professeur et les frais indispensables d'achat du matériel : 300 fr. furent donc généreusement accordés, en 1854, pour ce cours gratuit. C'est avec pareille somme que les beaux-arts comptèrent un fleuron de plus dans la patrie de la princesse Marguerite. Depuis cette année le chiffre des allocations a été porté jusqu'à 650 francs pour l'année 1865. Comme témoignage authentique, voici un extrait du *Compte administratif* de l'exercice 1863 :

« ÉCOLE DE DESSIN, subvention au professeur, distribution « de prix, chauffage et éclairage : 650 fr., sur lesquels 614 fr. « 69 c. ont été dépensés.

« *Nota :* Ce cours a lieu les jours non fériés, de huit à dix « heures du soir, pendant six mois ; il y a eu, en 1863-64, « 84 élèves inscrits, mais le local ne permet l'admission que « d'environ 45 élèves. »

En résumé, les élèves profitent des enseignements du directeur et les appliquent à leurs différentes industries ; c'est déjà un avantage sur le passé.

Nous avons vu les expositions de ces élèves ; il n'y avait rien de brillant parmi leurs *ouvrages* (dont quelques-uns tout de patience) ; cependant on y découvrait parfois un léger talent, souvent du goût, de la bonne volonté et sans cesse un acheminement vers le progrès, — ce qui a engagé probablement nos édiles à voter les 1,000 francs proposés pour 1866 ; ce dont on ne saurait trop les féliciter.

Ainsi M. May aura été d'un grand poids pour l'organisation de ce cours ; ce n'est pas, à notre avis, son moindre mérite.

Passons, maintenant, du professeur à l'artiste qui, en je ne sais plus quelle année, fut admis parmi les élèves reçus au concours des loges pour le grand prix de Rome.

Sous un nom, dont l'orthographe a varié maintes fois, nous le trouvons à Limoges, si je ne me trompe, peignant sur porcelaine; puis, dans la capitale de Gascogne, lithographiant la *Galerie des Artistes de Bordeaux* (signée Edouard May, 1842-43); ensuite nous le voyons figurer à diverses Expositions de Paris). Les catalogues du Salon en font foi : Salon de 1842, Edwarmay Louis, 44, rue des Boucheries-St-Germain, n° 622, *la Lecture* (inspirée par le chapitre iv, § 2, de l'Evangile selon saint Luc, 47, 48). — Salon de 1846 : n° 598, *Giotto dans l'atelier de Cimabue*; n° 599, *Pan et les Nymphes*. Lithographie, même salon : n° 2384, *Saint Louis portant la couronne d'épines*, lithographie en couleur, d'après un des vitraux de la chapelle sépulcrale de Dreux, peint par Jacquand, (obtint une médaille.) — Salon de 1848 ; Edwarmay Louis, rue de Seine, 56 : n° 1542, *le Rêve d'une Mère* (une jeune mère rêve qu'un ange présente son fils aux caresses de l'Enfant Jésus); N° 1513, *Vue prise à Neuilly* (effet du matin); n° 1544, *Nature morte*. Lithographie, n° 5438, *le Credo*; deux lithographies, compositions de M. A. Ledoux, même numéro.

Mais ce qui ajoute aux titres du peintre, c'est d'avoir collaboré, m'assure-t-on, avec M. Alaux (de l'Institut, aujourd'hui) à l'*Armée française passant le Rhin à Strasbourg*, que l'on voit au Musée de Versailles.

M. May fut adjoint à M. Foucaud pour les classes du Lycée où il est actuellement le seul professeur de dessin.

Dans l'ancienne mairie, la salle du Conseil Municipal était décorée, entre autres toiles, d'une œuvre de M. May : la *Consécration de l'Eglise Saint-Martial;* tous les personnages présents à la cérémonie, ressemblants et pris sur nature, offrent un intérêt réel; c'est une page historique d'une valeur certaine et qui restera comme souvenir de la solennité. L'artiste s'est aidé, parait-il, d'une épreuve photographique pour mieux détailler l'ensemble du tableau et lui laisser toute sa vérité. La

touche en est bien un peu doucereuse, les personnages un peu
trop mignardés, mais leurs groupes sont dignes d'attention;
aussi la ville l'acheta-t-elle en 1854, peu de temps après son
exécution (1).

M. May a beaucoup produit : lithographies, dessins, aquarelles, peintures à l'huile, il a essayé tous les genres avec un
véritable bonheur; un jour il voulut se faire peintre-verrier, et
sa première tentative, la *Trinité*, fut remarquée :

« Préoccupé seulement de plaire au public, M. Edwar May
« a atteint son but.... (1) Cette peinture vue à distance est
« d'un effet délicieux, elle attire l'œil et le charme par l'har-
« monie des couleurs et l'heureuse gradation des teintes; les
« figures sont pleines de calme, de grandeur, d'expression
« sévère et miséricordieuse.......

« M. May saisit le spectateur par le sentiment et la science
« de sa composition, mais on voit que ce n'est pas le dernier
« mot de son talent. Une étude plus approfondie, une pratique
« habituelle des mêmes procédés, donneront à ses vitraux
« l'éclat qui peut manquer à celui-ci. »

Ces éloges doivent être mérités, car la *Commune*, dirigée
avec impartialité par l'auteur de la *Chronique Protestante*,
ne les prodiguait pas.

Le frontispice de cette revue et l'armorial qu'elle publiait
ont été dessinés par M. May.

Il a été chargé de la décoration « des fresques » de l'Hôtel-
de-Ville, et s'en est acquitté consciencieusement, tout porte
à le croire, mais avec des chances inégales. Les *Amours*, de la
salle des mariages, ne doivent certes pas être son chef-d'œuvre;

____

(1) A l'angle droit les armes d'Angoulême se détachent sur le ciel d'azur, ce qui
est d'un goût suspect; n'eut-il pas mieux valu mettre cet écusson sur un
cartouche, au milieu du cadre?...

(1) Extrait d'un article signé : A...., publié par la *Commune*, n° 8, du 10 juillet
1857.

on est heureux de connaître d'ailleurs le talent de M. May. Je citerai encore, pour un travail historique de M. Gustave de Rencogne, archiviste, la copie d'une miniature représentant une *Assemblée de notables d'Angoulême au* xvie *siècle* (1). Cette copie sera chromo-lithographiée à Paris, chez Lemercier, et grâce à MM. de Rencogne et May, il sera possible de conserver une reproduction de cette pièce curieuse. Le *Bulletin* de la Société Archéologique renferme aussi des dessins de M. May, l'un des collaborateurs du *Moyen-Age et la Renaissance* (dessins et chromo-lithographies).

Le talent de M. May n'a pas de ces éclairs fulgurants, qui sont le partage du génie ; — c'est un feu calme qui flambe doucement.... mais brûle sans cesse.

Elève de l'École des Beaux-Arts de Lyon, M. Didier Fellot, ex-professeur de dessin au collége de Cognac, vint habiter Angoulême il y a près de quatorze ans.

Quelques lithographies, des mines de plomb, sépias, aquarelles attestent sa facilité ; nous connaissons aussi ses dessins à la plume, imitations fort bien réussies des gravures de Boissieux. M. Fellot a fait, à l'huile, une petite copie d'un tableau d'Auguste Leloir, donné par le gouvernement de Louis-Philippe à l'église de Châteauneuf : *Famille chrétienne livrée aux bêtes* (2).

Plusieurs élèves ont suivi ses leçons, et aujourd'hui il n'a point complètement abandonné le dessin pour la photographie.

---

(1) Cette miniature originale, qui se trouve à la première page d'un des plus vieux registres de la mairie, est fort endommagée ; il est à craindre qu'elle ne soit bientôt effacée.

(2) Ce tableau fut envoyé, dit-on, par la reine Amélie. On raconte que la majorité des conseillers municipaux de Châteauneuf refusèrent de l'accepter, ne voulant pas payer les frais de transport ou d'acquisition d'un cadre. — Si ce fait est vrai, il est permis de féliciter la minorité de ces édiles jaloux de sauvegarder les deniers publics.

Dans une question de critique il est toujours épineux de s'adresser aux dames : — La femme est une fleur, dirait un héros des *Mille et une Nuits,* et le zéphyr la fait frissonner sur sa tige.

Nous ne croirons pas à la lettre cet aphorisme oriental, car les poètes sont enclins à l'hyperbole, — et comme ici la critique n'a rien à voir, nous nous plairons à applaudir l'agréable talent de mesdemoiselles Châtenet.

Après les leçons de M. Camille Choisnard et de M. Edouard May, mesdemoiselles Clarisse et Marie Châtenet se rendirent à Paris (dans ce centre rayonnant où la roche Tarpeïenne est près du Capitole), et après de fréquentes visites aux galeries, eurent l'avantage de recevoir des conseils de Rosa Bonheur. De retour dans leur ville natale, elles se partagèrent entre l'enseignement et l'étude avec une louable ardeur.

Mlle Marie Châtenet donna la préférence aux natures mortes, et se livra particulièrement aux fleurs et aux fruits ; elle les cueillait à pleines mains, puis s'inspirant de ces gerbes odorantes, de ces moissons veloutées, elle s'efforçait de fixer sur la toile leurs couleurs si difficiles à reproduire ; — et parfois le succès flatteur lui souriait... Nous nous souvenons de ces essais juvéniles qui déjà promettaient un résultat heureux. Un jour c'étaient, sur un lit de mousse, des poires monstrueuses, un de ces phénomènes inouïs capables de réjouir l'arboriculteur le plus misanthrope ; ensuite venaient des bouquets champêtres, des plantes de serre et d'aimables compositions où les fleurs se détachaient d'une manière ingénieuse...

> « La pensée est le marbre et la roche solide ;
> Sachez-en déguiser la sécheresse aride,
> Et mettez comme Dieu, sur ces grandes hauteurs,
> Pour base du granit, — pour couronne des fleurs. »

C'est ce que fait Mlle Marie Châtenet. Dans certain de ses tableaux — simple détail qui a sa valeur, — on aperçoit un papillon posé sur un socle de marbre ou de granit, pendant qu'un lourd scarabée, habillé d'émeraude, caresse galamment une rose épanouie.... On y peut découvrir une allusion aux scènes de la vie humaine peinte avec esprit. Les fourmis, les frêles libellules « aux ailes de gaze », les escargots, toutes sortes d'insectes parasites ont leurs places marquées dans ces peintures, et les toiles que nous avons eu le plaisir d'examiner en offrent une collection aussi intéressante qu'appliquée.

Le célèbre Van Haysum ne les dédaignait pas; Mlle Marie Châtenet tient aux traditions du maître hollandais. Ses tableaux, où l'on remarque de très bonnes intentions, sont trop élaborés, les accessoires surtout; c'est un défaut de jeunesse, et l'on sait que dans les arts cette *imperfection* est susceptible de devenir une qualité. Ce que Mlle Marie Châtenet peut facilement acquérir, c'est une touche plus hardie afin de compléter ses gracieuses bluettes.

Lors du concours régional agricole de 1861, le jury lui décerna une mention honorable pour son exposition de fleurs, fruits et plantes grasses à l'huile et à l'aquarelle. En 1862, une médaille d'argent pour des fleurs à l'aquarelle (exposition d'horticulture de la Seine). A l'Exposition de Périgueux nous avons vu aussi ses douze aquarelles « pour l'iconographie des cactées, par M. F. Labouret », et trois tableaux de fleurs, sous les numéros 60, 61, 62 et 63. Une médaille de bronze fut sa récompense : c'est peut-être un présage pour l'avenir!

De Mlle Clarisse Châtenet, (Mme Latapie), nous connaissons plusieurs portraits, style Louis XV, genre qu'elle semble affectionner. La touche en est maniérée et les modelés nous paraissent insuffisants; mais une application soutenue saurait bien y remédier. Passons sous silence une *Batterie de higlanders,* sans doute devant Sébastopol, et arrivons vite à sa copie d'un *Intérieur d'étable,* d'après E. Sabatier, élève de Decamps; cette copie a valu des félicitations à Mlle Clarisse Châtenet et nous les lui renouvelons volontiers pour sa scrupuleuse fidélité.

Un mot de deux scènes familières, d'après Chardin : le *Bene-dicite* et la *Mère laborieuse*.

Dans le Bulletin de la Société Archéologique, on trouve des chromo-lithographies de Mlles Châtenet.

Mlles Châtenet ont un grand mérite, c'est d'avoir persévéré dans un milieu aussi peu artistique que le nôtre et d'y peindre gentiment. En associant leurs travaux, ces demoiselles ont accompli une œuvre qui, pour nous, est la plus sympathique : — *Tête de Madone* (grisaille), — entourée d'une guir-lande de fleurs ; — les deux sœurs ont uni leurs talents, — leurs cœurs se sont harmonisés dans une même pensée.

L'un des meilleurs élèves de M. May est M. Eugène Sadoux ; il a déjà marqué sa place parmi nos dessinateurs les plus intel-ligents, et cela par son propre mérite ; — ce qui est à consi-dérer.

Après avoir fait de la peinture décorative à Paris, M. Sadoux s'occupa de dessiner des bois édités par différentes publica-tions ; c'est ainsi que le *Magasin Pittoresque*, le *Monde Illustré*, l'*Illustration* et d'autres encore contiennent plusieurs de ses croquis. Ce jeune artiste est doué d'une qualité précieuse : il copie avec exactitude ; aussi voyons-nous de ses dessins dans le *Bulletin* de la Société Archéologique de la Charente. C'est le motif qui lui a valu la préférence de M. Gellibert des Se-guins pour les planches d'un travail historique que prépare notre honorable député. Je n'oublierai pas les dessins de la *Charente communale* (1), dus au même crayon. M. Gustave de Rencogne, qui, par ses recherches infatigables et sa con-naissance des chartres, a éclairci bien des points obscurs de notre histoire, a confié à M. Sadoux les lithographies des

---

(1) *La Charente communale illustrée*, — archéologie, sciences, arts, agricul-ture, industrie, commerce, poésie, légendes, histoire, biographies ; — ouvrage ré-digé par une société de gens de lettres. Rédacteur en chef : M. Alcide Gauguié, professeur au Lycée. Prix de la livraison, 1 franc ; bureaux d'abonnement, chez M. Jules Trousset, secrétaire de la société, route de Bordeaux, 20, à Angoulême.

tombeaux de Saint-Maurice de Montbron ; ces reproductions ont satisfait l'homme de goût et le savant.

Voici une petite liste de quelques dessins historiques de M. Sadoux : portrait de Jean Faure dans sa chaire et ses armes, pour la Biographie de ce jurisconsulte, par M. Léridon, avocat ; — deux Christs — bronze et cuivre émaillé — des xi⁰ et xii⁰ siècles, appartenant à M. Æmile B.-L., pour le Bulletin de la Société Archéologique et un ouvrage de M. Gellibert des Seguins ; — l'*Eglise collégiale de Blanzac*, pour la *Simple Note de* M. Eusèbe Castaigne ; objets d'antiquité pour un *Mémoire sur les Agésinates*, de M. Castaigne, ; — vases antiques, urnes funéraires, cachets, médailles, blasons, sceaux de chartes, etc., etc. — M. Eugène Sadoux sait très bien que les artistes de la Renaissance ne négligeaient aucune œuvre ; il sait que les plus illustres burinaient l'or et le bronze, peignaient des arabesques sur les murs des tavernes, — des fresques dans les palais royaux et dans les temples saints ; aussi, lorsqu'il seconda M. May dans l'exécution des peintures de la Mairie, il eut à cœur de justifier la confiance que le maître avait en son disciple.

M. Eugène Sadoux est jeune, il possède l'amour de l'art et ne croit pas que l'on s'improvise artiste ; c'est assez faire son éloge, car M. Sadoux est un artiste modeste malgré son talent.

Encore un élève de M. May et qui lui fait honneur. — M. Victor Duvignaud, après les leçons de cet estimable professeur, fut à Bordeaux, chez M. Salesses, peintre décorateur du Grand-Théâtre, pour y commencer ses premières armes. Ensuite Paris, ce paradis des uns et cet enfer des autres, l'attira naturellement ; puis l'atelier de M. Desplechin, décorateur de l'Opéra, lui ouvrit ses portes avec un mot de bienvenue et d'espérance.

Contrairement à l'habitude blâmable des jeunes gens qui se destinent à la décoration théâtrale et n'étudient que la superficie de l'art pur, M. Duvignaud suivait chaque soir le cours de dessin de M. Lequien, y fit des progrès rapides, récompensés au concours, en 1855, par une médaille d'argent du troisième arrondissement de la ville de Paris. Soucieux de ses études, il ne négligeait pas la géométrie et l'architecture, apprenant aux Arts et Métiers les sciences diverses qui forment un véritable artiste bien plus qu'on ne pense ; — aussi l'année suivante, après une lutte brillante, une médaille d'argent et la médaille d'or de l'Empereur (1er prix) lui furent-elles décernées. Mais le jeune lauréat ne se ralentit pas ; deux rappels de médailles vinrent s'ajouter à toutes ses couronnes.

M. Victor Duvignaud a participé aux décors de plusieurs opéras ; — il accompagne les peintres de l'Académie impériale de Musique en Belgique, en Espagne et ailleurs pour *monter* les pièces en vogue à l'instar de Paris ; — et partout notre jeune compatriote recueille les fruits de son application studieuse et de sa persévérance.

Né à Paris, M. Nicolas-Alphonse Bennassy-Desplantes vint à l'âge de dix ans, avec sa famille, demeurer à Angoulême. De toutes les carrières ouvertes devant lui (grâce à une instruction distinguée), il choisit définitivement celle des Arts ; et devenu élève de Léon Cogniet, il se livra de toutes ses forces à la peinture. Si sa ville adoptive était avare d'encouragements, selon une impassible coutume, Paris soutenait ses premiers pas à travers les expositions. — Émile Souvestre, le littérateur regretté et consciencieux, faisait l'éloge (1) de ses portraits de Molé - Gentilhomme et d'Emmanuel Gonzalès, admis au Salon de Paris et réexposés à Toulouse (1839-40) où il reçut une médaille d'or pour deux portraits de jeunes filles, enlevés sur fonds clair et se détachant d'une manière heureuse. — (Ces tableaux ont été mentionnés dans une vingtaine de journaux.) Le *Retour de la Pécheresse (une faute)* fut exposé à Toulouse ; — un *Intérieur d'atelier*, etc., marquèrent ses étapes victorieuses.

---

(1) Dans la *Revue des Deux-Mondes.*

Bref, de retour à Angoulême, il peignit quelques portraits et eut la satisfaction de voir à la Mairie un portrait en pied du roi Louis-Philippe (1), commandé par la liste civile, et qui l'avait emporté sur six concurrents.

La *Sainte Cécile* qui se trouve à la chapelle des Bezines (2), est du même peintre.

Poète à ses heures, M. Bennassy versifiait avec une certaine verve ; il écrivit une odelette à l'occasion de la rupture d'un bassin-réservoir des eaux de Bordeaux et qui mit en émoi l'administration et les intéressés, paraît-il ; cette pièce de vers, intitulée le *Palais Gallien,* se terminait ainsi :

> Avant les riches cathédrales
> Qui lancent dans l'air leurs spirales,
> Tu bravais la rigueur des ans ;
> Mais le vandalisme ou la mine
> Feront tout, sans qu'on *extermine*
> Ta brique et tes secrets ciments.
> Comme les vieilles pyramides,
> Reste debout parmi les rides
> Qui sillonnent ton noble front !
> Des siècles futurs les attaques
> Verront crouler bien des baraques
> Sans te jeter un seul affront !... (3)

Nous parlerons rapidement des artistes « de passage » qui nous viennent visiter et auxquels nous accordons une hospitalité courtoise qui doit avoir ici un écho, — quelque faible qu'il soit.

Les peintres de portraits sont les plus nombreux ; la photo-

----

(1) Naguère à la place d'honneur, dans la salle des délibérations de l'Hôtel-de-Ville ; ce portrait est, actuellement, dans un des greniers du Palais de Justice.

(2) A propos de l'orthographe de ce nom et de son étymologie, une docte polémique est engagée, dit-on, et se continue. En attendant le résultat, nous écrivons comme le veut la tradition.

(3) Le *Petit Figaro,* journal de Bordeaux, 2me année, n° 78, 2 octobre 1859.

graphie cause bien de l'ombrage aux pélerins du pinceau, mais les lauriers artificiels de cette exploitation ne troubleront pas le sommeil d'un véritable portraitiste. Le soleil est un aide puissant, qui brille trop souvent par son absence et se plait à faire sentir son pouvoir aux photographes.

Dans la peinture, l'art avant tout, l'inspiration, le génie ou le talent;— dans la photographie, l'habitude, le tact et surtout une précision mathématique pour les préparations chimiques et les doses nécessaires aux *bains* des épreuves.

Cependant à Angoulême nous sommes trop bien partagés pour nous plaindre. MM. Dejonge, Fellot, Godard, Maury et Debas rivalisent de savoir et de goût; car il n'est pas aussi facile qu'on le suppose généralement de distribuer la lumière, de laisser au sujet le caractère de sa physionomie, sa pose naturelle, tout en ne s'attachant pas à faire ressortir un ameublement, un accessoire au détriment de la personne. Nous prendrons au hasard, chez MM. Maury et Debas, par exemple, pour nous convaincre que ces qualités existent et que nous avons des artistes vrais qui envient de se surpasser en rendant la photographie un art et non spécialement une industrie.

Mais pour ne pas nous écarter de notre but, disons que M. Emmanuel Genty, allié à une famille qui résidait alors à Angoulême, vint y passer quelque temps et peignit des portraits, juste au moment où les photographes de France et de Savoie commençaient entre eux une guerre acharnée à grands coups d'objectifs. Ce jeune artiste, qui tenait crânement la plume du feuilletoniste, pour se reposer du pinceau, écrivit quelques articles dans un journal éphémère, l'*Arlequin* (1), et crayonnait des charges et portraits pour cette feuille enlevée par une rafale d'hiver. Tout cela prenait une partie des loisirs de M. Genty, qui travaillait à la composition d'une grande

---

(1) De novembre 1860 au mois de février 1861.

toile destinée à l'Exposition de Paris où elle fut admise et remarquée. J'ai peu de renseignements sur ses récompenses, mais je me souviens qu'en 1863 il obtint une médaille d'argent de 3me classe dans la section de peinture. Cette médaille était d'autant plus flatteuse que les exposants étaient fort nombreux. Depuis, les œuvres de M. Genty ont été favorablement appréciées par la critique et même elles ont eu les honneurs de la caricature. Nous pouvons dire en toute vérité que M. Emmanuel Genty est un peintre coloriste distingué et d'un bel avenir. Son dessin est spirituel et sa couleur charmante. Dans ses compositions, la grâce est unie à la vigueur; sa touche est hardie et pourtant pleine de finesse. M. Genty est souvent inspiré par le sentiment poétique (1); c'est là un avantage d'une immense valeur. Pour lui comme pour d'autres artistes, succès oblige.

Ensuite est venu M. Emmanuel Biotti. Né sous le ciel d'azur où l'oranger fleurit, il s'arrêta dans notre ville cinq ou six mois, y peignant des familles entières, entassant Pélion sur Ossa pour atteindre la gloire. Couleur chatoyante, négligée comme une petite maîtresse dans son allure, — « *trahit sua quemque voluptas,* » — incorrection de dessin, voilà ce qui frappe chez cet artiste. Sa palette a des tons chauds, miroitants comme le strass...M. Biotti a peint beaucoup de portraits de cette façon; pourtant ceux de MM. E... C..., J.-R. et de Mlles D... sont exceptés; il les a traités plus sévèrement et n'a pas joué avec le caprice.

M. Emmanuel Biotti avait de la gracieuseté, — cette *morbidezza* italienne inhérente à la nature des artistes de son pays; même il ne manquait pas de fougue, de vivacité, il en avait trop peut-être, et c'est lui qui, dans une heure de récréation,

---

(1) M. Genty a peint la *Naissance de la Peinture*, délicieux tableau acquis par M. de Geneste.

copia un Decamps, à Londres, qu'il exposa à Angoulême avec une étiquette portant le chiffre de 9,000 fr., ce qui fit l'admiration de plusieurs amateurs, tant il est vrai que nous aimons l'inconnu et que nous sommes portés à être éblouis par les gros chiffres !!! — M. Emmanuel Biotti, voulait produire de l'effet : il réussissait quelquefois.

Un mot de M. A. Brouillet qui publia des vues lithographiées de monuments de la Charente (1851-52-53). Cet artiste faisait des statues en terre cuite et avait établi un atelier de poterie d'ornementation où il avait pour collaborateur M. Machet (ancien élève de M. Foucaud). M. Brouillet a été chargé de dessiner pour la Société des Antiquaires de l'Ouest.

Parmi ces peintres voyageurs, M. Marius Fouet est, à tous égards, digne d'une première place. C'est à tort que le Catalogue de l'Exposition de Périgueux (1864) le fait naître à Angoulême ; il y vint demeurer en 1863, mais son pays natal est Toulouse, la ville chère aux Arts et aux Sciences.

M. Fouet fréquentait Barthole et Cujas, sans négliger les cours de l'Ecole de peinture de Toulouse, où il remporta le premier prix de dessin. Reçu avocat, il quitta « l'antre de Thémis » pour le Louvre et Versailles, étudiant les maîtres dans ses voyages du Nord au Midi, observant et raisonnant les splendeurs magistrales. Nous nous rappelons les portraits qu'il a faits (1) ; les natures mortes qu'il aimait à reproduire et il n'est même pas jusqu'à des photographies d'une supériorité douteuse qui, retouchées par lui, ne devinrent de véritables tableaux. Il est l'auteur d'un *Saint-Martin* donné à l'église de Juillac-le-Coq, près Cognac, par M. A. Berteaudeau. Dans notre province, on n'est

____

(1) Le portrait de M. C..., de Rouillet, entre autres, est infiniment supérieur à tous ceux de ses devanciers ; c'est vraiment une œuvre hors ligne.

guère habitué à de telles générosités; aussi M. Fouet voulut-il laisser une œuvre achevée en tous points. D'une hauteur de neuf pieds sur six de large, ce tableau représente le saint évêque, sur le seuil d'une cathédrale, invoquant Dieu pour la destruction d'une idole. L'éclair jaillit et va frapper la statue qui tombe brisée devant les païens épouvantés. — La tête du saint est belle, expressive et inspirée; le bras droit élevé vers le ciel est parfaitement dessiné; le mouvement est noble; tout respire dans cette composition la majesté et le respect; — on y chercherait vainement le fatras que l'on déplore dans la plupart des tableaux religieux de campagnes et de villes; — les lignes sont harmonieuses, le coup de pinceau élégant et sûr, le coloris simple et vrai : cet excellent artiste avait la poésie et la logique, — la poésie avec l'accent même du bon sens, deux choses qui ne marchent pas toujours ensemble. Plusieurs fois il exposa (1), et l'approbation des Aristarques ne lui fit pas défaut. Le talent de M. Fouet lui valut des commandes importantes de la part de gens riches et de goût : il peignit des fresques et des panneaux dans plusieurs châteaux de la Gironde.

A l'Exposition de Périgueux, il envoya trois toiles, *gibier*, *légumes*, *portrait*, numérotées 139, 140, 141 ; — une médaille d'argent de deuxième classe lui fut décernée (2).

Nous n'avons pas vu M. Fouet dans toute la plénitude de son talent ; une maladie lente le minait sourdement et lui permettait à peine de travailler. Au commencement de l'automne (1864), il partit pour l'Espagne, où il voulait aller depuis longtemps, désireux de peindre quelques scènes originales pour l'Exposition de Toulouse. Mais, peu de jours après son arrivée, le mal augmenta : le pauvre artiste espérait encore, lorsqu'il

---

(1) Les dates me sont inconnues.

(2) Soit oubli, soit négligence de la part des commissaires, M. Fouet n'a point reçu cette médaille..... Il est vrai qu'il ne l'avait pas réclamée : ses amis ne l'ont demandée qu'une fois.

mourut sous le ciel où il espérait rétablir sa santé ruinée par la peine.

Marius Fouet était un homme de parfaite éducation, d'une belle intelligence et d'un jugement droit; sous une apparence un peu froide, il cachait un cœur vaillant, dévoué et généreux. Doué d'une précieuse modestie, il ne dépréciait jamais l'œuvre d'un confrère, en faisant ressortir plutôt le bon que le mauvais. Tous ceux qui le connaissaient l'estimaient; ses amis le regrettent, et, partageant leur douleur, j'aime à me souvenir de cet homme loyal qui fut vraiment un artiste.

Un autre artiste sincère, épris de la muse qui lui dictait de charmantes choses, est M. Jules Geneste, de Libourne. Il vint chez nous vers 1860, prit des leçons de photographie de M. Godard (1) et remplissait ses albums de croquis et de vers délicieux, lorsqu'il n'improvisait pas quelques mélodies sur son piano. Les expositions de Bayonne, Bordeaux, etc., le mirent en relief et l'invitèrent à sortir de l'extrême réserve où il s'était confiné, à Barbezieux, exerçant la profession de peintre dans toute sa vulgarité.

Il reprit donc son pinceau d'artiste que les circonstances l'avaient forcé d'abandonner pour la brosse du badigeonneur et fit recevoir sept toiles et un fusain à la 13me Exposition des *Amis des Arts,* de Bordeaux, en 1864 ; ces tableaux furent ainsi catalogués : 226. *Côtes de Normandie*, fusain. — 227. *Côtes de Bretagne,* près Douarnerez. — 228. *Côtes d'Italie.* — 229. *Paysage* (cadre ovale). — 230. *La cabane du père Bonhomme, vieux pêcheur aux environs de Dieppe.*—231. *Un puits;* étude. — 232. *Bois près Galgon* (Gironde), soleil couchant d'automne. — 233. *Bords de la Saye* (Gironde); temps de pluie. Ces tableaux ont été remarqués, surtout le numéro 230, et M. Henry

***

(1) Auteur d'un *Manuel* de photographie. — Un autre peintre, M. Duret, fut le collaborateur de M. Godard, il y a environ dix ans.

Devier, le spirituel et piquant critique de la *Gironde,* a complimenté M. Geneste à cette occasion, et lui a consacré des citations élogieuses dans sa revue du Salon bordelais de la récente exposition.

M. Jules Geneste a tout ce qu'il faut pour parvenir au but que se proposent les artistes, et je lui souhaite ce qui appartient au talent seul.

Citons encore : M. Thomassin, un père courageux et un peintre bien intentionné qui a fait de bons portraits, MM. Viguier (pastel) de Fréssiniat, dont les œuvres sont *dures,* Latapie, et enfin M. Balmette; — mais ne nous arrêtons pas.

Tous les peintres que je viens de nommer ont contribué à l'embellissement de nos salons et nous ont laissé de précieux souvenirs de nos parents et de ceux que nous aimons. Pour les avoir payés de notre argent, ils n'en valent pas moins un remerciement. Tout le monde ne pense pas ainsi; mais je crois, contrairement au proverbe, que des goûts et des couleurs on peut discuter, — même à Angoulême.

Ah! chère Angoulême, on te surnomme la ville séduisante, et de plus « embellie par les arts » (1), aurais-tu les vices de la coquetterie?... Un sourire a son charme, mais il est bien peu de chose, si la réalité dissipe l'espérance!

Pourtant notre « noble ville » ne s'en tient pas aux promes-

---

(1) Dans son *Panorama d'Angoulême,* description en vers, publiée en 1827, chez Jean Broquisse, imprimeur de Mgr le Dauphin et du diocèse, Eugène de Pradel, le poète-improvisateur, déclamait :

> « Angoulême, salut! salut, ô noble ville,
> En heureuse industrie, *en beaux talents fertile ;*
> Ton fortuné climat, favorisé des cieux,
> Tes jardins, ton air pur, ton site audacieux,
> Tout, y pressant le cœur d'une étreinte chérie
> Fait croire à l'étranger qu'il est dans sa patrie!
> Ornés par la nature, embellis par les arts,
> Quel aspect enchanteur nous offrent tes remparts!... »

ses; elle accorde, à de longs intervalles, il est vrai faute de candidats, des subventions à ses jeunes enfants qui s'écrient, après le Corrège : « Moi aussi, je suis peintre! »

M. Duvignaud ouvrira la marche de ces étudiants. Vers 1828, il fut à l'Ecole des Beaux-Arts de Paris; avant son départ d'Angoulême, il avait fait ses preuves, surtout dans les trois portraits miniatures de Mlles de V... (1827), qui témoignaient de son aptitude. Mais la vie a ses surprises; les hommes et les flots sont changeants, ils ont leurs tempêtes; — les trônes s'écroulent dans la tourmente, et l'amour de la patrie nous fait abandonner la plume, la brosse ou le ciseau pour l'épée du soldat. C'est ce qui advint, pendant la révolution de 1830, à l'honorable M. Duvignaud qui est aujourd'hui colonel de gendarmerie.

D'autres vinrent ensuite : M. Breuillet et M. Meunier, un jeune sourd-muet, envoyé à Bordeaux où il fut couronné, si je suis bien renseigné, pour un *Saint-Sébastien*. — M. Chéri Breuillet, dès l'âge de quinze ans, suivait les cours de M. May et s'y faisait remarquer par ses progrès; il exposa au concours de l'école municipale, en 1854, une *Annonciation* à l'aquarelle (d'après un vieux tableau), où l'on trouve de la facilité et une certaine disposition. Vers 1857, sa ville natale lui alloua somptueusement une somme de 300 fr. pour suivre les cours de l'Ecole de dessin et peinture de Bordeaux, où il obtint, après six mois d'études, un second prix pour *Deux Lutteurs*, d'après l'antique. En 1858, il reçut un premier prix (médaille d'argent à l'effigie de l'Empereur) au concours de la première année, — figure peinte demi-nature, — pour un *Caïn méditant sur son crime*. En 1859, une de ses compositions, *Marius sur les ruines de Carthage*, lui valut un autre premier prix (médaille d'argent). Ce *Marius*, comme le *Caïn*, n'est pas sans mérite : les chairs sont touchées avec hardiesse, la pose n'est point défectueuse, mais la tête ne répond nullement à l'idée que l'on se fait du démocrate romain, sept fois appelé aux honneurs du consulat. M. Breuillet a peint des portraits et fait de la décoration. Ce jeune artiste, qui habite Paris, a voulu payer une partie de sa dette à Angoulême, voilà près de six ans, et lui a offert la meilleure de ses œuvres : *Saint-Philippe baptisant un eunuque éthiopien*, que l'administration accueillit « avec plaisir » selon la propre expression du *Charentais* — et qu'elle devait « faire déposer à la bibliothèque. » Ce tableau est tenu loin des regards curieux, je ne sais où ; espérons que le Musée conservera le souvenir de M. Breuillet, ne fut-ce qu'à titre d'encouragement. (Ce tableau est d'après Rode, musée de Bordeaux).

Le dernier de nos pensionnaires légèrement subventionnés est M. Siméon Petit-Brégnat qui, depuis plus d'un an, a été reçu à l'Ecole des Beaux-Arts où, de l'atelier de M. Léon Cogniet, il entra dans celui de M. Gérome. Une assiduité continue et des progrès réels justifient l'accueil fait par la municipalité à la demande de M. Petit-Brégnat.

Ainsi quatre jeunes gens ont été aidés par la ville, et nous pensons qu'elle élèvera ses subsides et les rendra suffisantes pour ceux qui les mériteront.

IV

Après les personnes « du métier », un mot des amateurs qui ont livré leurs œuvres à la publicité : MM. Bevige et Tardat, anciens chefs d'institution, enseignèrent le dessin. Le premier avait une facilité qui manquait à M. Tardat, ses croquis le dénotent et quelques heures lui suffisaient pour copier de vieilles gravures. Calligraphe habile, M. Bernard Devige était réputé parmi les connaisseurs, ainsi que M. Tardat. Celui-ci a laissé une belle page : l'*Oraison Dominicale*, surchargée d'ornements gothiques, vrai chef-d'œuvre de calligraphie polychrôme, que l'on peut comparer aux beaux manuscrits du Moyen-Age. A l'exposition de 185., cette page obtint une médaille d'argent. — M. Colany de Campo Vasto, dont on trouve souvent des lithographies, commença l'*Album Charentais,* qui devait reproduire nos monuments et nos sites les plus remarquables. (Des peintures et des dessins de M. Colany, résidant à Bordeaux depuis plusieurs années , lui valent certains succès). — MM. Zadig Rivaud, ancien maire d'Angoulême, qui suivait les goûts de M. Lambert, un de ses prédécesseurs, mais avec un talent bien supérieur, Jules Geynet, Paul Abadie, architecte, Favre, de Lafargue-Tauzia et Michon s'associèrent pour les dessins et plans de la *Statistique Monumentale de la Charente,* de l'éloquent et savant abbé J.-H. Michon. — M. Châtenet, un lithographe émérite, inventeur médaillé de divers procédés lithographiques (notamment des transports de vieilles impressions), dont nous connaissons plusieurs vues des environs d'Angoulême. — M. Joseph Castaigne, dessinateur des portraits de Balzac *(Bulletin archéologique)* et de Jean-Louis Nogaret de La Valette, duc d'Espernon, etc., qui devaient figurer dans une *Iconographie charentaise,* illustrée par M. Joseph Castaigne et accompagnée de notes biographiques par M. Eusèbe Castaigne, père (1). Nous connaissons aussi ses charges humoristiques dont la lithographie eut beaucoup de vogue; il a crayonné le *Code civil en action,* une foule de croquis fort piquants, des épisodes de la république de 1848, des scènes de garde nationale, etc., etc. En 1849, M. J. Castaigne fit don à l'église de Bassac de deux compositions : l'*Annonciation* et la *Visitation de la Vierge,* et dans un journal du temps, la *Conciliation,* je trouve un entre-filets qui leur est très favorable : «..... Les deux têtes de la Vierge sont fort belles et très bien finies; les personnages ont un cachet de naturel et de distinction qui fait plaisir à constater. S'il y a un léger reproche à adresser à l'ensemble de ces tableaux, c'est que les couleurs ne sont peut-être pas assez vives, assez tranchées pour des tableaux d'église; mais ce défaut en province, où l'on abuse des couleurs, est une qua-

---

(1) Les événements de 1848 empêchèrent la publication de cette petite galerie, et la collection faite avec autant de goût que de science par M. Ernest Gellibert des Seguins, ôta tout espoir à M. Castaigne de pouvoir tant soit peu l'égaler. — M. Gellibert des Seguins a l'intention de publier le catalogue de sa riche collection iconographique.

lité, et faire sortir des effets de peinture sans recourir aux grandes ressources du carmin et de l'azur, c'est posséder dans son pinceau des ressources que l'on doit préférer à celles de la palette.» — J'ai vu des portraits d'une ressemblance frappante, des chasses, des études de chiens, des natures-mortes brossés avec facilité et d'un dessin correct; cela n'est pas étonnant, car M. Joseph Castaigne, élève de M. Foucaud et de M. Picot (de l'Institut), fut admis à l'Ecole des Beaux-Arts. Il est un observateur profond et un dessinateur spirituel. — M. Eugène Perrot, lithographe, a publié en 1858 une vue de la *Porte Saint-Pierre* et plusieurs autres lithographies. Il a gravé sur pierre la *Carte Administrative et Routière du département de la Charente* (1), vrai labeur de bénédictin et qui fut pour lui, pendant cinq ou six ans, un jeu..... de patience. — Il a colorié des photographies, et préparé pour cette opération une espèce de vernis, dont la vertu consiste à rendre la couleur *rutilante,* ce qui est un prestige pour beaucoup de personnes. M. Perrot a gravé en taille douce et fait plusieurs petits dessins fort gentils, retouchés à l'aquarelle. On dit même qu'il a peint à l'huile. — M. Texier, gardien-chef de la maison d'arrêt, emploie depuis longtemps ses loisirs à peindre des natures-mortes, des fleurs, des fruits et des paysages avec une faconde peu commune chez les amateurs. Copiste intelligent, il a fait de jolies *imitations,* mais se surpasse en peignant des trumeaux. Dans ses vues de Suisse, du Tyrol, d'Italie, il dispose les cascades écumeuses, les rochers, les châlets, les arbres, les montagnes, de façon à capter le regard et l'y faire se reposer. Toutes ses œuvres ne sont pas égales, on le devine; — il en est qui furent pour le peintre des sujets de délassement, des essais; d'autres, au contraire, attestent des qualités sérieuses, une observation profonde des modèles naturels. M. Texier est heureusement doué : il file le verre et le métamorphose en mille petits objets

---

(1) Dessinée par M. J.-C. Billiard, voyer en chef cantonal, et dressée sous la direction de M. Landry, voyer en chef. — T. Chabot, éditeur. A la librairie F. Goumard, rue du Marché.

d'étagères d'une délicatesse ravissante; il sculpte, il grave, il peint des tableaux et des stores, comme je viens de le dire après tous ceux qui ont visité son atelier. Si la fortune a ses caprices, elle a pour lui des faveurs dont beaucoup de gens moins modestes seraient fiers.

Je comprends que la sombre demeure de M. Texier soit visitée par des curieux de la plus haute classe, puisqu'il a su y découvrir un endroit souvent égayé par quelque rayon de soleil et toujours embellie par les reflets de l'art. — M. T. Maignant édita quelques vues d'Angoulême, lithographiées par M. François Milliet. — Elève de M. May, lauréat de l'Ecole communale, M. Maignant a fait des dessins à la plume (copies), au crayon et a gravé de petites planches pour les *Emotions de citoyen* du regretté poète Abel Jannet, et le *Drame dans la Charmille*, de M. Jérôme Bujeaud.

V

Maintenant, frappons à la porte de notre musée. Hélas! dans les conditions actuelles, la critique la plus amère serait d'en faire le procès-verbal et d'en essayer l'éloge. Les musées qui n'ont pas d'histoire sont moins heureux que les peuples dont parlait le vertueux Fénelon : le nôtre est de ce nombre!... D'abord où est-il? — Un peu partout : à l'ancienne Mairie, dans l'enceinte réservée au Conseil des prud'hommes, à la Bibliothèque, dans trois ou quatre appartements de l'Hôtel-de-Ville.... et ailleurs. La plupart des tableaux qui le constituent ont été donnés par un de nos concitoyens, M. Ringuet, amateur fort ordinaire plutôt que peintre — sur lequel nous ne partagerons pas l'opinion de M. Babaud, — et qui a droit à notre reconnaissance pour le legs qu'il nous fit avec tant de générosité et de désintéressement. La conception du musée angoumoisin revient donc à M. Ringuet, M. Babaud-Laribière l'a remémoré avant moi : « Ringuet, dit-il, a fait don à sa ville natale d'une vingtaine « de tableaux de sa collection pour constituer le noyau d'un

« musée. Les tableaux furent acceptés avec la condition par
« M. Normand de La Tranchade, maire de la ville, et cepen-
« dant ils ont été dispersés de tous côtés, sans que Ringuet ait
« pu voir son projet réalisé. (1) »

Ainsi, ce Musée depuis longues années devait exister, —
depuis 1842, époque du don fait par M. Ringuet, — et nos édiles depuis longtemps paraissaient l'avoir oublié : des questions
plus graves les préoccupaient. Nous apprenons que le Conseil
municipal nouvellement formé n'a pas décidé comme ses
ainés : dans sa séance du 10 novembre, après un rapport très
précis et remarquable de M. le Maire, il a voté une somme
nécessaire pour l'installation définitive de ce musée dans une
salle de l'Hôtel-de-Ville. Cette salle est petite, dit-on, mal éclai-
rée ; c'est possible ; — néanmoins, comme le répétait Socrate,
parlant de sa maison qu'il désirait pleine de vrais amis —
plaise au ciel qu'elle soit pleine de bons et vrais dessins, de
bonnes et vraies peintures !...

L'établissement du Musée, à Angoulême, est d'utilité publique. Chacun sait qu'il ne faut pas penser uniquement à soi.
Tout le monde ne peut voyager et visiter le Louvre, le Luxembourg, Versailles, Cluny...., parcourir les galeries de Lyon,
Toulouse, Lille, Bordeaux, Nantes....; — eh ! bien, il est utile
de procurer à tous les moyens de passer les jours de fêtes, pendant l'hiver surtout, d'une manière agréable et instructive. Le
Musée est un lieu de réunion où l'on examine, étudie et com-
pare ; c'est une école ouverte à tous, grands et petits, aux riches et à ceux qui ne le sont pas ; c'est un livre où chacun
peut lire ou du moins épeler et dont il reste toujours quelque
chose de bon. Nous avons les éléments indispensables pour cela,
et comme tous les musées, quels qu'ils soient, ont été créés
par des particuliers ou se sont enrichis des dons de collectionneurs désireux de savoir leurs découvertes en lieu sûr et leur
mémoire perpétuée, — notre Musée s'agrandira encore, les of-

(1) *Lettres charentaises.*

fres lui arriveront et il sera, un jour, digne de la ville dont toute la force est dans la fidélité de ses citoyens.

D'ailleurs la munificence du Chef de l'Etat saura combler des vides ; on a parlé des tableaux qui encombrent les *greniers* du Louvre et l'on voudrait que les musées de province en profitassent (1). En effet, le Louvre, jadis habité par les souverains, est aujourd'hui le Panthéon de la peinture, après avoir été le Panthéon de l'histoire politique : l'art succède à la royauté, car lui aussi il est roi et on lui paie son tribut de gloire et d'admiration sans être courtisan. Si nos renseignements sont exacts, les greniers du vieux Louvre renferment des toiles de prix ; — récemment on a exhumé de la poussière des Joseph Vernet et des Lesueur d'une grande beauté. Les bâtiments qui sont annexés presque sans relâche à ce palais reçoivent et recevront ces tableaux; mais ne serait-il pas possible d'en distraire quelques-uns, les moins estimés, si l'on veut, que nos petits musées recevraient avec empressement ?

En résumé, l'administration municipale n'a pas négligé ce côté de notre civilisation, et nous ne saurions trop remercier notre honorable maire, M. Paul Sazerac de Forge, dont l'intérêt qu'il porte à la cité et le goût artistique sont bien appréciés, pour le zèle qu'il a mis à réparer un tel..... oubli.

Lors de son installation, avec un conservateur compétent, le musée d'Angoulême recevra les tableaux qui sont disséminés de toutes parts, et dont le morcellement a eu pour résultat leur altération. — Voici la liste de ces tableaux qui ont grand besoin d'être nettoyés et remis en état convenable :

BIBLIOTHÈQUE. — *Vénus et Adonis,* paysage de Paul Bril, né à Anvers, en 1554, et mort à Rome en 1626. (Le Louvre possède huit tableaux de ce peintre). — *Ch. de Saint-Maure, duc de Montausier,* et son petit fils le *duc d'Uzès;* portraits ovales,

---

(1) M. Achille Jubinal a émis cette proposition au Corps législatif, en 1865, dans un remarquable discours dont je regrette de ne pouvoir donner un extrait.

attribués à Ferdinand Elle, provenant de l'ancien château de Montausier, près Baignes. — *Cavaliers;* deux petits médaillons, bois, attribués à Parrocel Van-Der-Meulen. — *Fillette;* pastel ovale (style Louis XV). — *Paysage,* avec figures, d'Etienne Allegrain (dont le Louvre a deux toiles), né en 1653, à Paris, où il mourut en 1736. — *Ruines de La Couronne;* Ringuet.

CHAMBRE DES PRUD'HOMMES. — *Vue du Pont-Neuf;* Ringuet. — *Caïn et sa famille, après la malédiction divine;* belle toile qui a figuré à l'exposition de 1812, sous le n° 647, signée Trézel. (Don de l'Empereur, 1858). — La *Reddition de Bréda,* ou *Tableau des lances,* belle copie de Porion, d'après l'original de don Diégo Velasquez, au musée de Madrid. — *Yung enterrant sa fille à Montpellier,* par Wafflard, frère de l'auteur dramatique de ce nom. (Ce tableau a été troué à la douane belge). — *Guerrier romain au repos;* peinture académique de Bouchet, élève de David. — *Aria et Pœtus;* Monsiau, 1824, (Arrie, une femme forte de l'antiquité, épouse « d'un homme consulaire, » prisonnier après une révolte en Illyrie contre l'empereur Claude, étant parvenue auprès de son mari, s'enfonça un poignard dans le sein, l'en retira tout sanglant et lui dit : « Tiens, mon cher Pœtus, cela ne fait pas de mal.... » C'est le moment que le peintre a choisi pour la représenter. — Tableaux placés dans la mansarde où se trouve la cage du mouvement de l'horloge du Palais de Justice : *Louis-Philippe,* portrait en pied de Bennassi, d'après Winterhalter. (Pendant l'échauffourée de 1848, des patriotes ardents voulaient lacérer ce tableau et en faire un auto-da-fé en signe d'allégresse ; M. E. Castaigne fit comprendre que ce genre de récréation ne convenait ni à notre époque ni au caractère de citoyens intelligents et fut assez heureux pour le soustraire à une destruction préméditée).— *Loth et ses filles;* Simon Vouet. Le Louvre n'a rien de semblable de S. Vouet, le peintre grave académicien ; celles de ses œuvres qui sont à ce musée offrent des scènes religieuses, une allégorie, un portrait de Louis XIII, son protecteur. C'est donc une toile doublement précieuse (4). Il s'est rappelé ces vers :

Loth but,
Il devint tendre
Et puis il fut....
Son gendre ;

comme l'écrivait un poète de l'ancienne cour...

— On y trouve pêle-mêle des bustes de Louis XVIII, Charles X, du duc d'Angoulême, de Louis-Philippe, — preuve de l'instabilité des choses humaines.

ANCIENNE MAIRIE. — *Vue du désert, Fuite en Egypte,* (donnée en 1848, par le gouvernement, sur la demande de M. Babaud-Laribière) (2). *Vue de Paris,* signée : P. Catrufo, 1851. — *Nature-Morte :* une table avec des fruits et légumes; une fontaine de faïence au mur; deux petits chats : Eug. Lambert, 1854 (don de l'Empereur). — *Consécration de Saint-Martial,* Edwarmay, 1853. — *Fantasia d'arabes,* Eug. Ginain, 1864 (don de l'Empereur). — *Desportes* (3) *:* ce peintre renommé s'est représenté, assis au pied d'un arbre, caressant un lévrier; du gibier est près de lui. Un cheval au second plan, derrière l'arbre, à gauche, un autre lévrier : Desportes (donné par M. Ringuet, ainsi que : *Faisan et Renard,* attribué à Desportes). — Por-

---

(1) «..... Ce tableau existe, je l'ai vu la face tournée contre le mur, dans un « galetas du palais de justice d'Angoulême, et c'est tout simplement un chef- « d'œuvre. » *(Lettr. charentaises.)*

(2) Ainsi que la copie de la *Descente de Croix,* de Jean Jouvenet, « qu'on « voit à la cathédrale, accordées en 1848 par un farouche directeur des Beaux- « Arts, M. Charles Blanc, sur la demande du non moins farouche représentant « du peuple qui écrit ces lignes; — preuve admirable, soit dit en passant, qu'ils « étaient l'un et l'autre ennemis acharnés de la religion aussi bien que de la fa- « mille et de la propriété.» (Babaud-Laribière, *Lett. Charent.* du 11 mars 1865).

(3) A été très mal réparé, et exige un nettoyage prudent. — Ce tableau rappelle celui qui est au Louvre,

traits en pied de *l'Empereur* et de *l'Impératrice,* (donnés par l'Empereur en 1864 et 1865). Ces tableaux sont dans la salle des mariages. — *Saint-Philippe baptisant un infidèle* (C. Breuillet, 1860) (1); *Portrait du Président de la République,* a été peint par Thomassin qui en avait fait un croquis lors du passage à Angoulême du prince, avant son avénement à l'Empire. (Se trouvait naguère dans le cabinet du Maire).

L'installation du Musée fera probablement approprier certains tableaux dont quelques-uns sont dignes d'un meilleur sort; les blessures dont plusieurs sont couverts n'encourageraient pas les personnes désireuses d'enrichir notre collection publique.

La chapelle du Lycée possède trois toiles, peinture plate, genre Flandrin, — de M. Duval Le Camus. Avant tout, citons *Saint-Paul :* il est parfaitement représenté, et, de l'avis de tous, est préférable au *Saint-Pierre;* enfin, la *Vierge-Mère* tenant dans ses bras l'Enfant-Dieu ; à côté, le petit *Saint-Jean,* près d'un agneau dont la toison verdâtre n'a pas la couleur traditionnelle. Ce groupe est encadré dans une bordure style byzantin, — peinte à fresque — où le vert domine trop, comme pour atténuer la teinte de l'innocent agnelet.

Dans la Chapelle des dames carmélites, on voit deux ou trois œuvres d'une jeune recluse, Mlle G..., de Niort; — l'extase peut être sœur de l'art, Saint-Luc, Fra Bartolommeo et d'autres l'ont compris; puis comme l'écrivait Bossuet, — « le dessin est « un des plus excellents ouvrages de l'esprit...; il n'y a donc « rien que l'homme doive plus cultiver.»
Nous avons vu la situation du dessin et de la peinture à Angoulême, et nous reconnaissons l'importance d'un Musée.

---

(1) Un accroc fait dans le bas de la toile est un signe de.....(?)

Il est encore un moyen de stimuler l'engourdissement, — l'apathie morale, — en organisant une exposition. Les expositions dont les cités de premier ordre avaient naguère seules l'avantage de jouir et de profiter, sont des musées temporaires qui rendent de véritables services aux ouvriers, aux gens du monde et aux artistes. Elles attirent une affluence d'étrangers, favorisent le commerce et excitent une noble émulation parmi les exposants. Déjà plusieurs villes ont pris l'initiative : Bordeaux, Limoges, Chartres, Périgueux, Niort, nous ont donné l'exemple et leur tentative a pleinement réussi. Eh! bien, serait-il impossible, lorsque le concours régional agricole de l'Ouest tiendra ses assises à Angoulême, serait-il impossible d'organiser une exposition de peinture, dessins, gravures et d'objets d'art anciens et modernes?... La municipalité, dont les bonnes dispositions sont connues, ne lui refuserait pas son patronage : elle fournirait le local ; puis, après un appel qui leur serait fait, nos compatriotes et les habitants des départements limitrophes enverraient les joyaux de leurs collections ou ce qu'ils ont de plus beau et de plus curieux. A côté de l'exposition des œuvres de peinture contemporaine, serait celle des antiquités : les tableaux anciens, la céramique, les armes, les meubles, les fers ciselés, les tapisseries, les livres rares...., seraient dignement représentés, j'en suis sûr. Depuis les châteaux et les couvents jusqu'aux plus pauvres maisons, personne ne refuserait de se priver, pour une semaine, de ses spécimens curieux, de ses trésors quelquefois amassés avec peine.

Cette exposition n'est pas une utopie ; rien n'est plus facile et pour cela il ne faut qu'un peu de bon vouloir. Or, nous n'en manquons pas, et dans ce but nous y voudrons tous participer. Ces expositions du reste sont aujourd'hui à la mode, et puisque nous observons celles des colifichets, pourquoi resterions-nous en arrière pour celles qui ont une raison d'être?...

Je m'honorerais de n'avoir pas été le dernier à la provoquer.

Il se peut que, çà et là, des oppositions systématiques soient opposées à ce projet; mais le bon sens public en décidera : est-il un ciel toujours sans nuages?... — et quel tableau pour être complet n'a pas son ombre?...

VI

Le sentiment artistique coudoie l'indifférence. Il est juste de ne pas omettre, dans notre récit, les amateurs et collectionneurs qui protestent contre l'oubli et le vandalisme. Il est rare de trouver en province des galeries importantes; celles que l'on visite sont d'ordinaire formées avec soin, renferment parfois des objets introuvables, mais ne prétendent pas rivaliser avec les cabinets des capitalistes parisiens qui n'estiment souvent une chose qu'autant qu'elle est très chère. C'est plutôt le goût, l'amour de la science qui guident nos collectionneurs, et à Angoulême, il en est chez qui l'on peut voir de véritables perles. L'amateur fieffé se plaît au milieu de ses collections; il y découvre chaque jour un nouvel attrait; son imagination fait revivre un passé lointain et il se dit, avec le roi Salomon : « Rien de nouveau sous le soleil! » — Je sais bien qu'il est porté à l'exagération; comme les chevaliers amoureux, s'il combat pour la dame de ses pensées, il lui reste pourtant moins fidèle. A chaque découverte, sa joie redouble : c'est un diamant de plus pour son écrin; puis, il faut le dire, à côté du collectionneur patient, — fier et complaisant, toujours prêt à montrer ses richesses avec un amour-propre légitime et une minutie scrupuleuse, on rencontre le collectionneur égoïste, ambitieux d'accaparer, de *monopoliser* pour assouvir seul son avarice et sa passion.

Autant celui-là est courtois et obligeant, autant celui-ci est rogue, misanthrope, incivil, ce qui ne l'empêche point d'être exploité par des marchands, vrais cœurs de juifs, qui vont à la piste des amateurs *sérieux* et les trompent à l'occasion.... sur la qualité des marchandises vendues! Il renouvelle, au besoin, la légende du *rat à trompe*, vendu par un zouave à un zoologiste passionné, et qui n'était qu'un rat ordinaire, sur le nez duquel on avait greffé la queue d'un de ses frères....

C'est le collectionneur de province qui fait la fortune des boutiques de bric-à-brac : au milieu, au-dessous de leurs mille friperies, son œil perspicace voluptueusement se repose sur un brillant égaré et qui, demain, sera mis dans une vitrine à la place d'honneur. Je n'ébaucherai pas la physiologie du collectionneur, ce serait m'écarter du but que je me propose; néanmoins je puis ajouter que s'il faut en croire certains, les œuvres des grands maîtres courent les étalages de brocanteurs; et pour ma part j'en sais qui, à ce compte là, auraient pour plusieurs millions de chefs-d'œuvre suspendus dans leurs appartements : jolies trouvailles à prix réduits.... s'ils ne se trompaient pas. — Suivant d'autres, les curiosités sont rares; aussi le moindre émail, la moindre croûte, sont-ils payés au poids de l'or. C'est que nous ne sommes plus à ces jours où, selon Bernard Palissy, les inventeurs de boutons d'émail (qu'il nommait dans son style pittoresque une « invention tant gentille, ») furent contraints « de les donner pour un sou la douzaine. » (1)

Quoiqu'il en soit, les collectionneurs et amateurs méritent nos félicitations ainsi que les propriétaires d'objets d'art qui en empêchent la destruction et les apprécient autrement que pour leur valeur matérielle. Dans une ville comme Angoulême, ces conservateurs rendent des services d'une évidence réelle, et les stations qu'il m'a été permis de faire chez la plupart de ces personnes honorables m'ont convaincu de l'importance des ressources offertes et reservées aux Beaux-Arts.

Nous allons pénétrer dans la plupart de ces musées particu-

---

(1) *Œuvres de Bernard Palissy*, revues sur les exemplaires de la bibliothèque du Roi, avec des notes par MM. Faujas de Saint-Fond et Gobet; — chez Ruault, libraire, rue de la Harpe (1777).

liers, après l'autorisation gracieuse de leurs propriétaires, et nous nous assurerons de ce que j'avance.

Notre brochure qui devait paraître dans les premiers jours de janvier, a subi un long retard de deux mois par suite de circonstances imprévues et des nouvelles recherches nécessitées pour cette nomenclature qui est bien loin encore d'être complète.

NOMENCLATURE

DES PRINCIPAUX TABLEAUX APPARTENANT A DES COLLECTIONNEURS ET AMATEURS D'ANGOULÊME

Nous suivrons l'ordre alphabétique, et pour les explications, nous adopterons les abréviations suivantes : Toile, T. — Bois, B. — Cuivre, C. — Hauteur, H. — Largeur, L. — Signature, S. — Maître inconnu, M. I. — Peintre inconnu, P. I. (Cette indication sera employée pour les tableaux anciens ou qui offrent un intérêt de curiosité) — Attribué, Attri. — École, Éc. — Française, Franc. — Italienne, It. — Espagnole, Esp. — Flamande, Flam. — Hollandaise, Hol. — Allemande, All. — Anglaise, Ang. — Figure, Fig. — Paysage, Pays. — Grandeur naturelle, Gr. Nat. — Petite nature, Petite Nat.

M. BENNASSIT-DESPLANTES : *Em. Gonzalès et Molé Gentilhomme*, portraits, grandeur naturelle. Expositions de Paris et Toulouse, 1839 ; — *deux jeunes filles*, portraits même exposition (médaille d'or). *Une faute* (exposition de Toulouse), *Intérieur d'atelier*; un enfant fume un calumet, pendant que le peintre parle à une dame; — *portraits de famille*. Ces tableaux sont signés de M. Alphonse Bennassit. — *Groupe d'angelots*, partie de tableau. Ec. Esp. — *Courtisane chez une Sybille*. Ec. It. — *Gourville*, portrait, Ec. Franc. (P. I). — *Deux paysages*, gouaches sur ivoire déroulé. — *Divers pays.*, gouaches de Dumay et de M. Bennassit père. — *Natures-mortes*, oiseaux et esquisse de *Jean Goujon et ses trois Grâces* (tableau de chevalet exposé à Paris, chez Giroux), de M. A. Bennassit. — *Deux marines*, gouaches.

M. BENOIST, négociant : *Ronde d'enfants nus*, tableau, grandeur naturelle. Ec. It. Albane, œuvre très remarquable. — *Sujets mythologiques*, gouaches, Ec. Fr.

M. BONHOMME DE MONTÉGUT, substitut du procureur impérial : *Christ en Croix*; à droite, un évêque lit dans un missel, une abbesse est agenouillée à ses pieds; à gauche, la Vierge et un apôtre (saint Jean?) contemplant le Sauveur. Une des saintes femmes est à genoux, tenant un livre. Dans le fond, Jérusalem. Peint à la colle d'œuf. B. Ec. flam., manière de Van-Eyck. — *Marine* signée *Louis Garnerey*. Ec. franc.

M. BOREAU-LAJANADIE, président du tribunal civil : *Allégorie*; au premier plan les Muses, les Sciences; sur une nue, Renaud et Armide (?), Mercure volant; dans le fond, à droite, une mêlée. B. Ce tableau, d'une belle conservation, d'une composition délicieuse et d'une couleur ravissante, est de François Franck (le Vieux) Ec. Flam. — La *Madeleine*, Ec. It., d'après Corrège; copie d'un contemporain du maître, peut-être d'un élève de son atelier. L'original est au musée de Dresde. — *Pays.*, Ec. It.

Mme veuve BOUCHERON : *Une dame de la cour de Louis XV;* à mi-corps, grandeur naturelle, debout ; de la main droite elle attise un brasero. Le peintre (inconnu) avait-il voulu représenter Mme de Pompadour ?... travestissant en vestale cette « reine de la main gauche » pour indiquer le soin qu'elle prenait d'un feu inextinguible ?....

M. Louis BOURDON, libraire : *Madeleine*, mains jointes, T. Ec. Esp. (M. I.) — *Saint-Antoine de Padoue*, T. Ec. Esp. — *Tête de Christ*, T. (id.). gr. nat.

M. BRIAND, ancien notaire : *Sainte Catherine*, mi-corps, grandeur naturelle, tenant une palme, le bras droit appuyé sur la roue. Ec. It. (M. 1.) — *Intérieur de l'Eglise de Saint-Front*, de Périgueux ; — *Chaire*, de cette cathédrale, aquarelles (exposition de Paris) S. Auguste Foucaud. — *Une écluse*, pays., T. Ec. Franc .

M. Victor BUJEAUD : *deux têtes d'hommes*, pastels. Ec. Franc.

M. B.-L. : *Baigneuse*, le *Petit Gourmand*, la *Rêverie*, *Batailles*, grandes aquarelles, S. Aug. Foucaud.

M. Æmile B.-L. : *Paysage* ; saint Jérôme assis, lisant près d'une table sur laquelle se trouve une tête de mort et un encrier ; un lion derrière lui, à gauche ; au troisième plan, des rochers, des arbres et des personnages microscopiques. C. hauteur 20^c, largeur 26^c, Ec. It. Guaspre.— *Jésus chez Marthe et Marie*. T. marouflée sur B. Ec. It. — *Paysage* avec fig. manière de N. Poussin. Ec. Franc. — *Vierge tenant un crucifix et le contemplant*. B. Ec. Esp. — *Zingarella* (Bohémienne, coiffée d'une toque à plumes), T. Ec. It. (M. 1.) — *Le galant indiscret* ; une femme dort sur une chaise, à droite, les mains dans les poches de sa robe ; un homme vêtu d'un habit rouge et coiffé d'un bonnet bleu se penche vers elle et lui découvre les seins ; une table sur laquelle est placée une lampe les sépare d'un vieux bonhomme qui dort. Scène d'intérieur qui rappelle Brauwer. T. marouflée sur B. H. 21^c, L. 30^c. Ec. Hol. — *Saint Pierre et saint Jean*, têtes, pastel ; — *saint Antoine priant*, mi-corps, gr. nat., pastel S. Viguier. — *Projet de plafond* : intérieur d'un temple ; colonnes et une balustrade où sont appuyés des personnages écoutant un pontife assis et le bras droit étendu. T. H. 40^c, L. 90^c. Ec. Franc., Simon Vouet. — *Fleurs dans un vase*, T. Ec. Flam. (M. 1.) — *Attente et Volupté*, charmantes miniatures peintes à l'huile par Saint (1) Ec. Fr. — *Marguerite de Valois*, dans son fauteuil, lisant ; aquarelle, S. Aug. Foucaud, 1835. — Mme *la duchesse de Berry*, un éventail à la main ; près d'elle un paquet de lettres ; ce portrait, entouré de six médaillons figurant des personnages qui appartiennent à sa vie intime, est certainement un pamphlet de l'époque. — *Ecce Homo* : le Christ debout, couronné d'épines, couvert d'un manteau blanc, les mains réunies, tient un roseau ; à sa droite, un homme portant la Croix, un autre qui s'avance et regarde ; un troisième, une torche à la main ; à gauche, un grand-prêtre, à longue barbe grise, vêtu d'une étoffe rouge. B. H. 50^c, L. 62^c. Ec. Esp. attribué à Luis de Morales (el Divino). — Portrait d'une duchesse de La Rochefoucauld (Louis XIV). Ec. Franc. — *Cromwell*, copié d'après le tableau de Paul Delaroche : *Cromwell au tombeau de Charles Ier* (Aug. Foucaud.) — *Un père bénissant ses enfants*, esquisse à l'huile, T. Ec. Franc. (M. 1.) — *Idylle*, un berger jouant du chalumeau et une femme assise ; une urne surmontant un piédestal ombragé d'arbres, une rivière, des fabriques, paysage, S. Jan Van Hüysüm, 1699. (Lavé à l'encre de Chine.) H. 30^c, L. 22^c Ec. Hol. — *Flagellation du Christ*, dessin (M.1.).— *La Résurrection* ; sépia, Ec. Franc., Lesueur.— *Alexandre et Porus* ; *Alexandre et Diogène dans son tonneau*. Cartons grisailles destinés à des voussures, Ec. Franc. Attri. à Le Brun. H. 52^c, L. 72^c. — *Bocage et Mlle Georges* (rôles de Buridan et Marguerite, *Tour de Nesle*, scène de la prison). aquarelle, Aug. Foucaud, 1832, Paris. — Six panneaux : gibier, volailles, fruits, légumes, attributs de jardinage, de peinture et de musique, T. Chardin, Ec. Franc. — *Femme nue*, sanguine (Boucher). — *Groupe d'enfants*, dessin de Girodet,

---

(1) « M. Saint tient toujours le haut bout dans la miniature » extrait du *Salon* (revue) de 1827, par A. Jal.

M. Callandreau, juge : *Vierge, deux enfants offrent des fleurs et des fruits au petit Jésus.* Attri. à Sébastien Bourdon. Ec. Franc. T. — *Une dame* (cour de Louis XIV), *costumée en Pallas;* on croit que le peintre a représenté M¹¹ᵉ de Montpensier (la Grande Demoiselle), cimier en tête avec panache tricolore, lance au poing. gr. nat. jusqu'aux genoux, T. Ec. Fr. attri. à Rigaud. — *Bacchanale;* devant un temple deux hommes couchés près d'une femme assise, vue de dos, et tendant une coupe à un adolescent couronné de lierre. Une danseuse, à droite, un jeune joueur de flûte (repentir), un danseur tenant des cymbales; à gauche, trois enfants; au troisième plan un cippe surmonté d'une tête barbue et voilée. T. H. 64ᶜ, L. 1ᵐ 08ᶜ. Ec. It. (1), a été rentoilé.

M. Eusèbe Castaigne, bibliothécaire de la ville, correspondant du Ministère de l'Instruction publique pour les travaux historiques, etc.: *Nature-morte*, chou, pêches, bouteille clissée, etc., T. Ec. Franc. Chardin. — *Anne d'Autriche et Louis XIV;* la reine, le sceptre à la main, tient son fils entre ses bras; près d'elle les attributs des arts et des sciences. T. Ec. Franç. (M. I.) — *Mariage de Louis XV*, dessin allégorique, S. Cochin filius. — *Le poète Malfilâtre*, portrait gr. nat. buste T. — *Dessins* de différents maîtres.

M¹¹ᵉ Chasseignac, rentière : *Six conseillers au Parlement* (xviᵉ siècle), portraits de famille, T. Ec. Franc.

M. Ernest Chasseignac, secrétaire général de la préfecture : *Natures-mortes*, oiseaux, B. Ec. Flam. *Enfant à une fenêtre* (manière de Miéris); — *Deux marines* (d'après J. Vernet); — *Deux lévriers*, T. Ec. Franc. Cartier. — *Deux vaches*, idem; — *Paysage*, S. Z. Rivaud (exposition de Bordeaux). — *Deux paysages*, T. Winans; — *Deux marquises,*, charmante petite toile, Ec. Franc. — *La Courtisane*, d'après Sigalon (2), *la Cruche cassée*, et *la Fiancée*, d'après Greuzé; — *Charlotte Corday*, d'après Ary Scheffer ; — les *Enfants d'Edouard*, d'après Paul Delaroche, copies remarquables peintes par Winans. — *Moutons dans un pâturage*, T. d'après Ommeganck (idem).

M. Chénaud, ancien chef de bureau du Cadastre : *deux Paysages*, de Grailly ;— *Paysage*, Romy; — *Clair de lune*, grisaille de M. Gautier, ancien professeur de dessin au Collège royal d'Angoulême ; deux gouaches, idem.

M. Gustave Chénaud, entrepreneur : *Sainte Famille*, des anges dans une nue ; T. Ec. It.

M Jules Clochard, négociant : *Personnage militaire de la cour du Régent*, gr. nat. mi-corps, T. Ec. Franc. (P. I.)

M. Prosper C..., rentier : *Enfant tenant un chat*, B. Ec. Franc. (M. I.)— *Scène d'intérieur;* un jeune galantin courtisant une dame..., la femme d'un juge, sans doute, puisque le mari, dans un appartement voisin, surprend ce tête à tête; T. Ec. Flam. Des amateurs l'attribuent à Jordaens.

M. Constant : *Incendie d'un village près de Lyon*, T. Ec. Franc. S. Francis Masson, 1848; — *Animaux dans la prairie*, T. S. Cartier.

M. Chaumet, négociant : *Vierge*, B. gr. nat. mi-corps; — *Sainte Marguerite*, T., nat.

Mᵐᵉ veuve Daviaud, rentière : *Enlèvement des Sabines*, esquisse-ébauche, T. Ec. Franc. Marlet; — *Coriolan partant pour l'exil*, T. esquisse finie (idem).

M. l'abbé D..., *Vierge à l'Enfant*, T. Ec. It.

M. Déniveau, avocat : *Athalie* (acte V, scène VI), à la plume, S. Tardat, 1839.

---

(1) Je crois que ce tableau est de Jules Carpioni, peintre-graveur, né à Venise en 1611, mort à Vérone en 1674. Le Musée de Bordeaux a trois toiles du Carpioni : *Fête de Silène*, H. 1ᵐ 17ᶜ, L. 1ᵐ 39ᶜ. *Suite d'une fête de Silène* (mêmes dimensions). — Bacchanale d'enfants devant une statue de *Priape*, H. 1ᵐ 19, L. 1ᵐ 08. Ancienne collection de M. le marquis de Lacaze.

(2) M. le général baron Teste avait son portrait par Sigalon ; après le décès de M. Teste, il devint la propriété de l'un de ses héritiers.

M. l'abbé Descordès, chanoine de la cathédrale : *Sainte Radégonde*, couronnée, manteau royal fleurdelisé, sceptre en main; peint à la colle. — *Sainte Catherine*, tenant une palme de la main droite, un livre sous le bras gauche, gr. nat. jusqu'aux genoux, Ec. It. — *Guerriers* postés sur des rochers, près d'une citadelle, paysage, T. attr. à S. Rosa. — *Vierge*, attri. à Sasso Ferrato, petite nat. — *Vierge* (idem); ces deux peintures ne me paraissent pas de même origine. — *Pas de Dieu de sainte Radégonde*, gouache, H. 28°, L. 37°; — La *Vierge, Jésus et saint Jean* avec l'agneau, jolie petite toile ovale (M. I.); — *Saint Jérôme*, lisant Sénèque; une draperie rouge, tête de mort; — *Sainte Famille*, manière de N. Poussin. — *Baptême du Christ;* — *Paysage;* temps d'orage, bouquet d'arbres, personnages mal dessinés, attri. à Ruysdaël, etc., etc. — M. l'abbé Descordes possède de superbes tapisseries qui sont de véritables tableaux ; nous les désignerons par exception; elles ont été commandées à Bruxelles, en 1717, par M. le comte de Béhague et représentent : *Céphale tuant son épouse Procris;* — *L'Enlèvement de Proserpine;* — *Vertumne et Pomone;* — *Pan poursuivant la Nymphe Syrinx qui se change en roseau.* (Cette dernière a beaucoup d'analogie avec le tableau de N. Poussin que l'on voit gravé dans les *Impostures innocentes* ou *Recueil d'estampes* de Bernard Picart, 1734).

Mmes Devige, institutrices : *Orage, Clair de lune*, dessins aux deux crayons, S. Lantara. — *Diligence dans un ravin*, S. Eug. Lambert (2° prix de Rome, ancien élève de M. Devige); — divers dessins de M. Bernard Devige et de Mlle Alphonsine Devige, qui avait de grandes dispositions pour les arts.

M. Léonce Dussouchet, professeur de musique : *Sainte Madeleine*; les mains sur la poitrine; un vêtement blanc brodé d'or; robe bleue; près d'elle, une tête de mort, à sa droite (dans le coin, en haut, un ange *ajouté*); mi-corps, gr. nat. T. H. 77°, L. 58° Ec. Esp. Des amateurs n'ont pas craint de l'attribuer imprudemment à Murillo.

M. Fougère, quincaillier : cinq dessus de portes, *Combats de Chiens et Chats*, d'après Oudry; — *Poissons, Légumes et Fruits, Gibier*; Ec. Franc. — *La Comédie*, S. Picart Petit. — *Le Temps et Cupidon*, — *Minerve et l'Amour*, — *la Musique*, — *l'Architecture*, — *la Peinture*, — *l'Astronomie*, — *la Sculpture*, T. Ec. Franc., ces cinq derniers sont d'après C. Vanloo.

M. Fourquier de Boves, receveur de l'enregistrement : *Triomphe de David, vainqueur de Goliath;* C. parfaite conservation. Attri. d'abord à Ricciarelli, ce petit tableau me semble d'un peintre plus habile. Son coloris, la finesse des lignes harmonieuses de ses personnages, la profondeur de la perspective, les groupes disposés avec une science magistrale le rendent précieux. Il n'est pas facile de classer ce petit chef-d'œuvre qui, suivant l'expression de quelqu'un « fait le bonheur des amateurs en les désespérant. »

M. Adolphe Fruchet : *Louis XVIII*, T.

M. Galzain, ancien conseiller général: *Vieillard écrivant à la lueur d'une lampe* (Saint Jérôme?) T. Ec. Esp. (manière de Ribeira.)

M. Gellibert des Seguins, député, conseiller général, président de la Société Hist. et Arch. de la Charente, etc. : *Marguerite de Valois*, B. Ec. Franc. Janet (Clouet)(1).

---

(1) Clouet, dit Janet, dont Ronsard a fait l'éloge dans ses poésies; entre autres dans une *élégie*, dédiée à Janet, peintre du Roi :

> Peins-moy, Janet, peins-moi je te supplie
> Sur ce tableau les beautez de m'amie
> De la façon que je te les dirai.
> Comme importun je nete supplieray
> D'un art mentour quelque faveur lui faire
> Il suffit bien si tu la sais portraire
> Telle qu'elle est, sans vouloir déguiser
> Son naturel pour la favoriser :
> Car la faveur n'est bonne que pour celles
> Qui se font peindre et qui ne sont pas belles.

Ronsard a consacré vingt-six strophes aux charmes de sa « mie », priant Clouet de ne pas la

M. DE GENESTE, rentier : belle collection de tableaux que, pour des raisons indépendantes de ma volonté, je regrette de ne pouvoir détailler. M. de Geneste est certainement l'un de nos propriétaires les mieux partagés.

M. GEOFFROY (rue Tison d'Argence) : *Bataille* ; choc de cavalerie ; un maréchal tenant son bâton de commandement ; T. Ec. Franc. attr. à J. Courtois (Bourguignon). — *Intérieur d'étable*, B. S. Sabattier, 1848, Ec. Franc. Exp. de Paris et Nice. — *Caveaux de Saint-Denis*, T. S. Wolff. — *Gibier et Légumes*, S. Fouet, 1864 (Exp. Périgueux). — *Chevaux*, T. et B., S. Victor Adam. — *Paysages*, B. S. Huber. — *Marines, fleurs, fruits, paysages*, pastels de Talier, 1857. — *Paysage*, B. Ec. It. — M. Geoffroy, marchand de tableaux, etc., contribue à entretenir le goût de la peinture en exposant dans son magasin les œuvres des artistes qui ne s'adressent jamais en vain à son obligeance. Un salon parfaitement disposé va recevoir des tableaux de peintres anciens et modernes ; M. Geoffroy formera ainsi une petite galerie qui ne manquera pas d'intérêt.

M. C. GIGON, docteur-médecin, vice-président de la Société archéol. et histor. de la Charente : *Fumeur espagnol*, B. Isambert.

M. G. GOUGUET, directeur de l'Office agricole, rédacteur du *Cultivateur Charentais* : *Mme la duchesse de Berry*, miniature.

M. JEANNIN, docteur-médecin : portrait de famille, *femme*, pastels, S. Glain, 1744.

Mme veuve LABOUREUR, rentière : *Portrait d'un enfant*, miniature de M. Guillemin de Chaumont, élève de David.

M. LACOURADE, fabricant de papiers : *Paysage* ; le faire de ce tableau ; les arbres et les fabriques placés dans une admirable perspective, rappellent Poussin à qui on l'attribue. T. Ec. Franc. — *Paysage*, B. S. Leclerc. — *Paysage avec personnages et animaux* ; T. Ec. Flam. — *Femme gardant des bestiaux*, jolie petite T. — Deux *Paysages*, avec figure d'une grande naïveté, manière flam. T.

M. MACHET, papetier : *Guittarero* ; un homme costumé à la mode Charles IX, coiffé d'un feutre gris à plume, pince de la mandoline, à une fenêtre ; à sa gauche un rideau d'étoffe rouge brochée d'or. Le soubassement de la fenêtre est orné d'amours sculptés. Fort belle peinture ; analogie avec François Miéris, B. H. 1^m 05^c, L 72^c. — *Amours dans les blés*, camaïeu rouge, Ec. Franc., manière de Boucher, T. H. 82^c, L. 48^c. — *Vierge*, mains jointes, mi-corps, T. Ec. It. — *Deux batailles*, T. attr. à J. Courtois. — Le *Tir à l'arc*, d'après Lancret. — *Tête de femme* (style Louis XV), pastel. — *Fornarina*, T. Ec. It. mi-corps, gr. nat. — *Léda* (1), deux baigneuses, dont une, qui s'appuie sur sa compagne étendue sur le bord d'un ruisseau, paraît effrayée des témérités du cygne

---

surcharger de voiles... Mais si le peintre eut observé les recommandations du poète il aurait fait.... une académie !..

Voici une lettre écrite de Fontainebleau, le 24 juillet (1529), à l'occasion d'un Clouet, — à Jean de Brinon, premier président au Parlement de Rouen.

A Monsieur le Chancelier d'Alençon.

— Monsieur le chancelier, le roy de Navarre et moy avons délibéré prendre le peintre frère de Jannet, peintre du Roy, à notre service et lui baille ledict seigneur cent livres sur son estat, et moy cent. Et pourceque nous avons nécessairement affaire de luy pour quelque chose que nous voulons faire, je vous prie incontinent le nous envoye, et qu'il soit icy lundy pour le plus tart ; et vous prie luy faire délivrer quelque argent pour commencer, pour lui donner couraige de bien besongner. Priant Dieu, monsieur le chancelier, vous avoir en sa saincte garde. A Fontainebleau le XXIe jour de juillet.

Vostre bonne maistresse, MARGUERITE.

Si je ne me trompe, le Louvre ne possède que deux portraits authentiques de François Clouet ; le 6 autres lui sont simplement attribués et appartiennent à l'école de ces peintres sur lesquels on n'a que de vagues renseignements.

(1) Ce tableau a été gravé.

amoureux ; rochers, bouquets d'arbres. T. Ec. Fr; S. B. F. (Boucher François ou Boucher Fecit?) H. 81°, L. 98°. Ce sujet était couvert par le portrait d'un conventionnel lorsque M. Machet en fit l'acquisition, au bourg de Saint-Saturnin ; ce portrait, peint à la colle, s'effaça au nettoyage et laissa reparaître la scène principale. J'ai vu chez le maire de Ruffec, M. Ferdinand Gallais, une copie de ce tableau et de son pendant : *Vénus chez Vulcain.* — Je suis heureux de cette circonstance qui me permet de nommer MM. Gallais et Eugène Masseloux pour les féliciter de leurs belles épreuves photographiques. M. Gallais a exercé la photographie à Londres, où il jouissait de la vogue de la fashion. De retour à Ruffec, il fit établir de magnifiques ateliers, tels qu'on n'en trouverait que difficilement et il consacre ses loisirs à photographier en artiste-amateur. M. E. Masseloux obtient des reproductions supérieures et qui ne peuvent redouter aucune comparaison.

M. Marot, propriétaire : portrait de famille, *homme*, S. J. B. Vanloo ; n'a de remarquable que cette signature d'un nom qui appartint à plusieurs peintres. — *Effet de neige, Orage, Coucher de soleil,* pays. de Mlle d'Osterwald. — *Porte de ville,* aquarelle S. Justin Ouvrié. — *Chemin pierreux,* T. aquarelle, S. Cicéri.

M. Matagrin, docteur en droit, rédacteur en chef du *Charentais* : *Lac dans les bois,* Ch. Rivière.— *Vue de Gênes* (idem).— *Mme Roland,* T. S. Boily. — *Forêt,* pays. d'automne, T. Alaux. — *Les saintes Femmes en prière,* au premier plan les douze apôtres, l'Esprit-Saint descend sous la forme d'une colombe, Ec. Fr. M. I. —*Portrait de Regnard,* Ec. Franc. ; le poète comique tient à la main un rouleau de papier sur lequel est inscrit le titre de l'une de ses meilleures comédies, le *Joueur*; peinture du xviie siècle. — *Retraite de Russie,* soldats au milieu des neiges, types des grognards de Charlet. — *Oasis dans les Landes.* — *Poètes mèdes,* vieux tableau de l'école vénitienne, T. H. 3^m, L. 2^m 30°. — *Marine,* sombre horreur des vagues, manière Salvator Rosa. — *Instructions de Vénus à l'Amour,* beau dessin aux deux crayons (inconnu).

M. Mathé-Dumaine, avoué, suppléant du juge de paix : *Buveur,* B. Ec. Flam. ; — *Lac de Genève,* paysage, T. attr. à Topffer ; — *Baptême du Christ,* foule de personnages sur les rives du Jourdain, C. attr. à F. Franck ; — *Adoration des Mages,* C. (idem).— *Deux paysages,* S. Férogio, 1851 ; — *Passage du Gué,* moutons, chèvre, berger, une bergère sur un cheval, pays., T. Ec. Fr. — *Trois amis,* garçon, fillette, chèvre, T. S. Victor Adam. — La *Lecture,* une jeune femme, debout, lit près d'un vieillard assis ; un chien ; T. marouflée sur carton ; Ec. Hol. ; — *Paysage,* B. ; — *Orphée charmant les animaux,* miniature sur une couverture de boîte, manière de Boucher ; — *Enfant près d'un berceau,* aquarelle de Camille Roqueplan ; *Vieillard enchaîné,* aquarelle, S. Gonin 1834 ; — Diverses sépias, aquarelles, etc.

M. Ch. Mestreau, avocat : *Maison dans les bois* et *Cascade,* paysages, T. Watelet, Ec. Franc. (vente de M. le duc de Penthièvre.)

M. Montalembert, docteur-médecin : *Béatrice Cinci,* médaillon porcelaine, d'après Le Guide, par Schmitt. — *Eglé* (1), d'après Greuze, c'est la Nymphe de Virgile : « Et fugit ad salices, et se cupit ante videri. » — *Mirabeau,* mi-corps, à l'huile sur parchemin. — *Ganganelli* (Clément XIV), d'après David. — *Portrait d'un damerel de la cour de Louis XVI,* T. M. I. — *Moine priant devant un crucifix,* Ec. Esp.— *Aller et Retour d'une Noce en Suisse,* T. Ec. Fr. S. Adam (vente de M. le marquis de Villedeuil) ; — *Loth et ses filles* et *Suzanne et les deux vieillards ;* charmantes toiles, Ec. Franc. Lethière.— *Effet de neige, coucher de soleil,* pays. — *Décollation de saint Jean-Baptiste,* T. (M. I.)

M. Edmond Monteilh (2), avocat, etc.: *Réunion galante ;* le soir, dans un parc,

---

(1) Nom de pure fantaisie ; le tableau original est catalogué au Louvre sous le titre de *Portrait de jeune fille.*

(2) Vers la fin du xviie siècle il y avait un peintre de talent du même nom et de la même famille. —Un de nos contemporains, M. Louis Monteilh, ancien élève de l'école des sourds-muets, grave en pierres fines avec beaucoup de talent.

près d'un ruisseau, des damoiseaux et des dames jouant de l'éventail; un vieux
satyre de marbre domine de son piédestal les personnages et semble rire des propos d'amour qui se répercutent de cœur en cœur; au second plan, deux femmes
assises et à droite devant elles un jeune homme en pourpoint rouge. T. H. 90°,
L. 1m 15°, Lancret. — La *Bascule*; six enfants qui s'amusent à basculer sur une
planche posée en travers d'un tronc d'arbres, font la culbute; d'autres gamins les
regardent en riant. — L'*Escarpolette*; groupe d'enfants assis regardant *curieu-
sement* une fillette qu'un petit garçon balance. Ces deux petites toiles, d'une couleur chaude et légère, sont signées : Eisen père, 1770 (gravés au dire d'expert).

M. Delphin MORLOTTI : *Jupiter et Léda*, peint à l'huile sur marbre noir. —
Chasse aux tigres, marbre noir, H. 80°, L. 1m 50°, Giotto. (Trouvés à Orrido de
Bellano, lac de Côme). M. Morlotti habite aujourd'hui Jarnac.

M. Armand NADAUD, imprimeur, directeur du *Charentais* : le *Dauphin*, la *Dau-
phine*, la princesse *Louise-Marie de France*. portraits donnés par Louis XV à
M. La Breuille, médecin de S. M. (grand-oncle de M. La Brousse du Boffrand),
T. nat. mi-corps. M. 1. (C. Vanloo?).

M. PAILLÉ, professeur de dessin : *Cupidon*, T. genre Prudhon. — *Amours
désarmés par Minerve*, manière de l'Albane. — *Toilette de Vénus*, T. H. 62°,
L. 90° Corneille Pœlenburg. — *Huit têtes d'apôtres*, gr. nat. T. Louis Carrache.
— *Paysage*, B. attr. à Breughel de Velours. — *Descente de croix*, attr. à Lebrun.
— *Jeu de cache-cache*, ancienne copie d'après Lancret. — *Cueillette de
pommes*, scène galante (idem). — *Partie de cartes* : une reine joue aux cartes
avec un jeune seigneur, des dames d'honneur regardent, un jeune page porte des
rafraîchissements. Ce tableau, S. Ch. Année, est l'un des meilleurs de ce peintre,
il a été exposé à Paris en 1839 sous le n° 34. — *Christ en croix*, T. S. Sébastien
Bourdon. — *Homme tenant un petit lièvre*. T. genre de Greuze. — *Berger faisant une flûte de roseau*. T. nat. mi-corps, attr. à Gérard de Honthorst.— *Moine
tenant un livre* (1), T. nat. mi-corps, M. 1. H. 95°, L. 70°. — La *Paille* ou le
Sommeil interrompu; une jeune fille au corsage entr'ouvert, des rubans bleus
dans les cheveux, passe délicatement un brin de paille sur la joue d'un jeune
gars endormi, T. H. 1m 05°, L. 92°. figur. gr. nat. mi-corps, Boucher (2) — La
Bascule, des enfants s'amusent à basculer, pays. (du même). — *Ænée portant
son père*; ébauche de la composition du maître : Zampieri (Dominiquin) — *Pays.
près de Rome*, T. S. Hubert-Robert, Ec. Franc. H. 78°, L. 85°. — *Entrée de
forêt*, B. attr. à Ruysdaël. — *Deux paysages avec animaux*; S. Cartier, Ec.
Franc. — *Argus endormi*, T. Ec. It. M. 1.— *Groupe d'enfants*, esquisse, Char-
pentier. — *Scène galante*, miniature à l'huile. attr. à Watteau. — Portraits :
Maréchal de Luxembourg. — *Chancelier d'Aguesseau*, attr. à Rigaud. (?) —
L'Abbé de Bacalan, attr. à Greuze. — Le *Dauphin*, attr. à Mignard. — *M. Vi-
gnaud du Dognon*, en robe rouge (époque de Louis XIV). — Deux autres ma-
gistrats (Louis XIII). — *Jeune femme et son mari* (Louis XIV) — *Magistrat*
(id.) Ces trois derniers attribués à Largillère. — *Martyr de saint Laurent*, belle
copie, S. Bernard, 1712, d'après Le Sueur. — *Baptême de N.-S.*, d'après
Mignard. — *Paysage* : bergère jouant avec un enfant, chèvres et moutons, dû à
la collaboration de deux peintres, Ec. Franc. Lahire et? — *Paysage*, genre
Poussin.

Mlle C. PETIOT : portrait d'*Aug. Foucaud*, assis dans son atelier, aquarelle,
S. Auguste Foucaud, 1852.

M. PETIOT, peintre en décor : *Fleurs*, dessus de porte, Ec. Hol.— *Adoration
des Mages*, entourée de 6 médaillons : les 4 évangélistes, la fuite en Egypte et
l'Annonciation, B. H. 80°, L. 65°. S. Dal Colle, Ec. It. — *La Pentecôte*, C. M. I.

---

(1) Ce tableau, d'une touche grasse et solide est évidemment l'œuvre d'un pinceau habile; on
l'attribue à tort à l'école espagnole : au Musée de Bordeaux, on en voit un absolument pareil, catalogué sous ce nom : *un Capucin*, T. H. 92 c., L. 73 c., il est d'Alexis Grimoux.

(2) A été gravé.

— *Le lavement des pieds*. B. S. Antonivs Moreav, fecit M. D. L. V. (1) — *Passage de la mer Rouge*, B. attr. à N. Poussin. — *Vierge à l'Enfant* (inconnu). — *Académie*, Ec. Franc., manière de David. — Mlle *de La Vallière*, Mme *de Maintenon* et la *Comtesse de Toulouse*, portr. ovales, T. genre Mignard. — *Résurrection*, peint. sur marbre blanc, M. 1. — *Adoration des Mages*; B. d'après l'original de Rubens qui est à Anvers; copie du xviie siècle; — *Adoration des bergers*; on remarque cette particularité que les bergers portent la barbe et les moustaches taillées comme sous Henri III (inconnu.) — *Décollation de saint Jean*; belle conservation, couleur vive et rappelant l'école de Rubens; B. attr. à Hans Van Lin. S. P. V. L.

M. PEYRAUD, propriétaire : *Jésus et la Samaritaine*, gr. nat. T. Ec. It.

M. QUÉLIN, imprimeur : quatre portraits, mi-corps, *Louis XIV*, gr. nat. — la *princesse de Conti*, — le *duc de Bourgogne* et le *duc de Berry*, ses petits-enfants (petit nat.), T. Ec. Franc. Mignard. — Sous le gouvernement de Louis-Philippe, la direction des Musées Royaux, désireuse de les acquérir, les attribuait au peintre qui vient d'être nommé.

M. QUIGNON, secrétaire de la Mairie : *Portrait de famille*, *femme*, miniature d'Isabey; un pinceau maladroit a cru devoir y ajouter un bonnet.

M. ROBERT : *Portrait de famille*, *femme*, miniature.

M. Adhémar SAZERAC DE FORGE, conseiller général, etc.; *Marine*, T. S. Joseph Vernet.

M. Paul SAZERAC DE FORGE, maire d'Angoulême : *Dessins de Charlet*, types qui servirent pour l'illustration du Mémorial de Sainte-Hélène; — *Assomption de la Vierge* : groupe d'anges au-dessus du tombeau, des apôtres et des docteurs. On reconnaît un *repentir* dans cette composition qui a plus d'un point de ressemblance avec la célèbre toile de la vente Soult. Manière de Murillo, Ec. Esp. T — *Deux paysages italiens*; — *Portrait de famille* : une *femme*, près d'elle des fleurs, une bibliothèque au fond, genre Greuze; — *Scène champêtre*, B. Ec. Flam. — *Café de Bagdad*, T. S. Eugène Flandin, 1859. (Voyageur, écrivain et peintre français, auteur de diverses relations, l'*Orient*, etc.); — *Christ docteur*; belle expression, sentiment de divine bonté : c'est une heureuse inspiration de l'artiste qui a représenté le Christ de l'Evangile, Ec. It., M. 1. — *Christ en croix*, les saintes femmes, Madeleine, saint Jean au pied de l'arbre sacré; belle toile d'un effet saisissant attr. à l'école It., M. 1. — *Sainte famille*, Ec. Flam. — *Vierge aux anges*; sentiment de poésie charmante ; B. — *Christ portant sa croix*, groupe; Ec. Esp. M. 1. — *Christ en croix*, Marie et Madeleine ; vieille peinture.

Mme veuve THRDAT, rentière : *Ecce Homo*; tête de Christ, manteau viole foncé; T. Ec. Esp.

M. TEXIER : *Clair de lune*; pays., rivière. T.

M. TRÉMEAU, de ROCHEBRUNE : *Saint François*, B.; — *Deux Paysages*, B., Ec. Flam.; — *Fleurs*, Ec. Hol.; — *Volupté*, tête de femme, manière de Greuze, Ec. Fr. (M. 1.) — *Portrait de famille* (époque Louis XV). — *Joueurs et Buveurs*, scène, genre de Tesniers, Ec. Flam. — *La Visitation*, T.; — *Mise au Tombeau; Portrait de Rembrandt, Décollation de saint Jean; Tête de Bacchante, Raphaël quittant Tobie* (d'après Rembrandt), *Vue dans les Pyrénées*, paysage : ces six tableaux sont de M. Emile Trémeau de Rochebrune, amateur de talent, dont nous avons vu plusieurs gravures à l'eau-forte : *Monuments de Paris*, etc., et qui fut secrétaire de M. de Milon, ancien préfet de la Charente. M. Alphonse de Rochebrune, naturaliste et archéologue distingué, a dessiné et gravé plusieurs planches pour ses publications; entre autres la *Chapelle de Saint-Gelais* (Bulletin des Antiquaires de l'Ouest).

---

(1) Se rapproche, comme on voit, du nom d'Anthonis de Moro, né à Utrecht; cette signature serait-elle apocryphe?

M. L. V...: *Fleurs*, Ec. Hol.

M. DE VARS, rentier : *Trois paysages*; S. Z. R.

Mᵐᵉ DE VASSOIGNES, rentière : la *princésse d'Orléans se faisant tirer la bonne aventure par une bohémienne;* un enfant lui vole sa bourse; T. Ec. Franc.— *Amour jardinier* et *Amour berger*, dessus de porte, camaïeu bleu; — Portraits de famille.

M. Ed. VIGUIÉ : Portraits de famille, T. et miniature.

MM. XXX... : *Saint Jérôme* dans le désert, Ec. It.; — *Paysages* aux deux crayons, Lantara; — *Animaux*, dans des pâturages, Ec. Fr. S. Cartier; — *Christ*, tête; Ec. It.

Mᵐᵉ W... : *Natures-mortes*, T., attr. à Chardin.

M. Aug. WENNER, docteur-médecin : *Vierge allaitant l'Enfant-Jésus* (grande naïveté), peint. du XVIᵉ siècle; H. 55ᶜ, L. 42ᶜ, attr. à l'école Allem. (Ec. It.?) — *Deux personnages* (époque Louis XIII et Louis XIV) avec armoiries : chardon d'or sur champ d'azur : *Nemo meâ impunè laceret*, portraits de famille; — *Fleurs*, T. Ec. Flam.

Mᵐᵉ veuve WŒLFFLE : *Rubens et sa famille*, allégorie, esquisse, T. attr. à Rubens; — *Puritain*, tête, manière de J. Olbein; — *Caverne de brigands*, C. — *Scène d'intérieur*, aux deux crayons, Greuze; — *Henri IV et Sully*, dessins de l'époque; — *Comtesse de Jarnac*, pastel, attr. à La Tour; — *Paysage*, mine de plomb, Lantara; — *Buveur*; Teniers; — le *Christ apparaissant à Madeleine*, dessin du Dominiquin; — *Fuite en Egypte*; paysages, ruines d'un temple à droite, un pont à gauche; Ec. It. — *Le Soir*, paysage, belle perspective, rivière près d'un bois, personnages, à gauche, se reposant. T. H. Ce tableau, empreint d'un sentiment de mélancolie poétique, est attribué à Ruysdaël. — *Trois marines*, genre J. Vernet; miniatures ayant orné une boîte qui appartint à la reine Marie-Antoinette; — *Jésus adolescent*, mi-corps, porte de tabernacle; — *Cardinal*, assis dans un fauteuil, belle conservation; — *Portrait d'un peintre* entouré d'une guirlande de fleurs, Ec. Hol. C. — *Gouverneur des Pays-Bas et sa femme* (genre Rubens). — *Vieillard*, T. (manière de Rembrandt). — *L'Ange Raphaël quittant Tobie*, d'après Rembrandt.

Pour mémoire nous rappellerons deux ventes aux enchères publiques; nous pourrons ainsi juger les prix vraiment dérisoires de l'adjudication :

VENTE FOUCAUD, décembre 1864 : Six petits paysages à la mine de plomb, Lantara : 3 fr. 50 c. — Cartons de Le Brun, dessins de différents maîtres : 5 fr. — Paysage, genre Berghem, 20 fr. — Collection des lithographies de Charlet : 25 fr. — *Intérieur de la cathédrale de Périgueux*, 50 fr. — Quantité de dessins, aquarelles, peintures à l'huile, etc., etc., aux mêmes conditions.

VENTE DE GRÉHAN, mars 1865 : *Partie de cartes*, par Ch. Année, 101 fr. — *Marines*, de Garneray, Jugelet, etc., 30 fr., 40 fr., etc. — Albums : dessins et aquarelles de Léopold Le Prince, J. Guiaud, Léwis, Ballue, Héloïse Leloir, d'Aguin, Gudin, etc. — (Ces ventes ont eu lieu par le ministère de Mᵉ Emile Dumoulin, commissaire-priseur). Malgré toutes les explications intelligentes des prospectus, la plupart des assistants ressemblaient à ces statues d'Israël qui avaient des oreilles et n'entendaient pas, et malgré leurs yeux ne pouvaient pas voir.

Telles sont les notes que j'ai réunies, moins facilement qu'on ne pense, pour me servir d'arguments. Je n'ose parler des difficultés de toutes sortes qui s'opposèrent à la facture de ce catalogue pourtant bien incomplet. Quelques personnes timorées ont craint de se compromettre en m'autorisant à citer leurs tableaux : j'ai respecté cette superstition. Quant à celles qui ont été nommées, je les remercie de nouveau de leur bienveillant concours ; elles sont ainsi devenues mes collaborateurs et le seul intérêt de cette revue leur revient tout entier. Dans toutes les maisons où j'ai frappé on trouve des œuvres remarquables à différents degrés; mais pas une qui n'ait au moins le mérite d'attirer l'attention du connaisseur et de l'artiste.

A cette nomenclature nous ajouterons les tableaux qui se trouvent :

CHAMBRE DES AVOCATS : portrait de *M. Ausone de Chancel*, par M. de Lafargue-Tauzia.

CHAMBRE DU TRIBUNAL DE COMMERCE : *Allégorie;* Cupidon sur un nuage, les *Biens de la Terre;* S. Vincent, 1760; — *Louis XIV*, portrait en pied avec une inscription commémorative et les noms des juges consulaires d'Angoulême de l'époque; — *Louis XV* (idem); — *Louis XVIII*, portrait dans un médaillon, où l'on avait peint, primitivement, le buste de Louis XV (on distingue la *retouche*); le Mensonge est terrassé par la Justice. Sur un cartouche on peut encore lire la date de 1756. E. Vincent.

CABINET DU MAIRE : *Marie de Médicis* montée sur un cheval blanc, près d'elle la Force, et suivie de la Victoire et de la Renommée (d'après le tableau de Rubens du Louvre : *Voyage de Marie de Médicis au Pont-de-Cé*, en Anjou) sur porcelaine de Sèvres par Mᵐᵉ⁎⁎⁎. — Don de l'Empereur, 1865.

A propos de ces tableaux, qui sont en état convenable, je crois devoir attirer de nouveau l'attention sur la plupart des toiles destinées au Musée, lesquelles présentent des cicatrices et des plaies béantes. L'administration municipale voudra bien y remédier. On répondra, peut-être que cela nécessitera des frais et que le budget d'une ville ressemble à la plus jolie fille de Paris : il ne peut donner que ce qu'il a, ce qui n'est pas toujours ce qu'on espérait.... Mais j'exprime tout simplement un vœu et pense n'être pas le seul de mon avis.

Les tableaux de nos églises ne sont pas hors de cause. Si j'avais l'honneur de réunir les pouvoirs nécessaires, je ferais

rentoiler l'*Adoration des bergers* et la *Vierge aux donataires* --
ou *des Litanies* --- qui sont à Saint-André, pendus comme des
œuvres de peu d'importance et semblent abandonnés à la
moisissure. Le premier est d'une grande richesse de composition et touché de main de maître ; l'autre fut « *donné à l'église
de Saint-André, par Mgr le comte d'Artois, en 1782,* » ainsi que
le rappelle une inscription à demi effacée. Voilà deux belles
peintures religieuses qui devraient être réparées. L'une est
sans cadre et la toile tombe presque en lambeaux ; l'*Adoration*
est aussi dégradée. Placés auprès du mur humide, sans que
l'air puisse amoindrir cette humidité, il est vraiment pénible
de les voir dans un tel délabrement. Que ces tableaux soient
des copies, peu importe, et je ne le suppose pas ; quand on a dit :
c'est une copie ! on s'imagine avoir lancé l'anathème du mé-
pris sur une œuvre ; mais si l'original est un chef-d'œuvre et
si la reproduction est parfaite, n'est-elle pas préférable à une
composition ordinaire ?.... Il vaudrait mieux faire réparer ces
vieilles toiles que de les remplacer par des modernes qui coû-
teraient *pour le moins aussi cher* et ne leur seraient probablement pas comparables. Ces tableaux prouvent une fois encore
que les œuvres d'art empruntent le plus souvent une valeur
conventionnelle là où elles sont accrochées.....

La peinture est comme la poésie : il lui faut du *cœur*, du
sentiment ; -- on peut avoir l'esprit qui paillette, cette menue
monnaie courante, mais sans le cœur rien ne touche, rien n'é-
meut. Cela vient de la tendance avouée ou secrète que tous
nous ressentons plus ou moins pour la poésie que l'on croit
morte avec les preux et les trouvères naïfs, gisant sous leurs
tombeaux en ruines. La poésie a ses catacombes : on la dit
annihilée ; elle veille toujours, — faible lueur qui fait jaillir des
étincelles au souffle de l'art. Elle est un langage que chacun
devrait comprendre, écouter, aimer ; il a je ne sais quoi de
naturel et pourtant de mystérieux : c'est l'écho de nos aspi-
rations et parfois la réalisation de notre idéal — et notre idéal
est une espérance....

Nous le croyons sincèrement et « jamais dans la patrie de
« Descartes, de Pascal et de Montesquieu, la pensée n'abdi_
« quera sa souveraineté ; jamais nous ne déserterons notre
« glorieux drapeau. Oui, tenons toujours l'âme éveillée sous
« l'aiguillon de la pensée et ne la laissons jamais s'engourdir
« sous les pesanteurs stupides de la matière ; — n'éteignons
« pas le feu céleste pour entretenir le feu languissant de la
« terre. » (Discours de M. E. Gellibert des Seguins, au comice
de Barbezieux, 10 septembre 1865).

Toutes ces considérations me font plaider les circonstances
atténuantes en faveur de cet opuscule. On voudra bien me
pardonner les répétitions inévitables et les défectuosités du
style en faveur de ma cause. Et, si le lecteur est, comme je
n'en saurais douter, un amateur, un collectionneur ou simplement un curieux, j'oserai lui dire, après l'immortel fablier :

> « Si de vous agréer je n'emporte le prix,
> J'aurai du moins l'honneur de l'avoir entrepris. »

Au moment de mettre sous presse la dernière feuille de cette brochure, j'ap-
prends l'arrivée d'un artiste distingué, M. Emile Gigoux de Grandpré. Il prit les
premières leçons de M. Bennassit et malgré des obstacles de toutes sortes n'a-
bandonna pas la peinture. Il fut en Afrique où Horace Vernet lui donna des
conseils ; plus tard Fromentin et Eugène Isabey avancèrent son instruction artistique. M. de Grandpré a exposé aux Salons de 1858 et de 1859. Cette dernière
exposition le fit choisir par le ministère de la marine pour peindre l'escadre
française (guerre d'Italie) ; ses tableaux sont presque tous chez des amateurs an-
glais. Depuis trois ans il s'est lancé dans la grande peinture décorative et vient de
reconstruire, pour l'Empereur, toute la *Civilisation Romaine du temps de Jules
César*. Une toile colossale donnera bientôt un corps à sa pensée. Il est question,
paraît-il, de faire peindre la coupole de notre cathédrale ; Mgr l'Evêque ne serait
pas étranger à ce projet, dont la réalisation serait confiée à M. Emile Gigoux de
Grandpré. J'ajouterai que les œuvres de cet artiste ont été éditées par la maison
Goupil.

ERRATUM : Lire, page 12, ligne 4, *Dictionnaire historique des peintres de toutes les écoles depuis les temps les plus reculés jusqu'à nos jours, par Adolphe
Siret*. (A. Delahays, 1856, Paris).

Angoulême. — Imp. de la Charente QUÉRIN frères, rue du Minage, 20.

9 782013 627870